Land der goldenen Pagoden

myanmar

1 *Buddhastandbild der Kyaikpun Pagode bei Bago*

2 *Shwemawdaw Pagode in Bago*

3 *Umin Thonze Pagode in Sagaing*

4 *Dhammayangyi Tempel in Bagan*

5 *Buddhas in der Shwe-Umin Höhle bei Pindaya*

AKATA.K DHAMMA SALA

4 ◀
5

Land der goldenen Pagoden

myanmar

Gollenstein

Alfred Diwersy · Aniela Kuenne

Mit einem Beitrag von Lay Maung
und ergänzenden Fotos von Lay Maung und Franz Zeithammer

Vorwort

Wie die Weisheit schlicht sich suchen lassen

Verborgen, unsichtbar sieht nirgends erst der Reisende die Birmawelt,
Die sich mit schlanken goldenen Pagoden und hölzernen geschnitzten Klöstern
Und grauen Bambushütten bescheiden abseits hält
Und nur auf Berge, wie zum Fest, die goldenen Tempel in den Himmel stellt,
Sonst aber, wie die Weisheit schlicht, sich suchen läßt.

Max Dauthendey, Die geflügelte Erde (1910)

Myanmar – kaum jemand kennt den größten Staat des südostasiatischen Festlandes unter diesem Namen, der immerhin seit 1988 der offizielle ist. Burma, die aus der englischen Kolonialzeit herrührende Bezeichnung, ist immer noch die international geläufigste. Sie hat das im deutschsprachigen Raum früher gebräuchliche Birma weitgehend verdrängt. Die Franzosen allerdings halten nachhaltig an ihrem wohlklingenden „Birmanie" für „Suvarnabhûmi" fest, das „Land des Goldes", wie es die Inder nennen. Die Birmanen, Burmesen oder Myanma träumen von „Pyidawtha", dem „Glücklichen Land", einem idealen Myanmar.

Suche nach „Pyidawtha"

Myanmar hat Anteil an drei unterschiedlichen Zivilisationen: der indischen, der es seine Hauptreligion, den Buddhismus, verdankt, der chinesischen, der ein Teil seiner Bevölkerung entstammt, und schließlich der der Thai, mit denen es im Lauf der Geschichte in viele, oft so verhängnisvolle Konflikte verwickelt war.
Seit seiner Unabhängigkeit am 4. Januar 1948 und dem Abzug der Briten, die es ab 1852 besetzt hatten, hat sich Burma, später dann Myanmar weitgehend nach außen abgeschottet und so die unglückliche „Verwestlichung" vermeiden können, der so manche seiner Nachbarstaaten anheimgefallen sind. Das tägliche Leben der Myanma, dem früherer Zeiten noch sehr nah, wird von der buddhistischen Philosophie geprägt, in einem Ernst und einer Beharrlichkeit, die die alten Werte weiter gelten lassen.
Man kann Myanmar, aus der Sicht eines Kontinentaleuropäers, immer noch als „unbekanntes Land" bezeichnen, das kaum wahrgenommen wird.

Unbekanntes Myanmar

In der Tat liegt es abseits der großen Handels-, See- und Luftwege und spielt nur eine untergeordnete Rolle innerhalb der Konvulsionen, die Südostasien erschüttern. Bekannt geworden ist es hauptsächlich durch die englischen Berichte der Eroberung, durch Kiplings Poetisierung des „Wegs nach Mandalay" und durch den Bau der legendären Burmastraße 1937/38, die als strategische Verbindung zwischen den Alliierten und China im 2. Weltkrieg dienen sollte. In der letzten Zeit natürlich auch durch die Friedensnobelpreisträgerin Aung San Suu Kyi, Oppositionspolitikerin und Tochter des Nationalhelden Aung San.

Myanmar ist ein Land, das uns aus mehr als einem Grund faszinieren kann. Ungeachtet der politischen Ideologie hat es sich ein gesellschaftliches und kulturelles Leben bewahrt, das von immer noch intakten religiösen Werten und Traditionen bestimmt wird.

Land humaner Dimensionen

Myanmar verfügt über Kunstschätze, die denen von Angkor oder Indonesien nicht nachstehen.

Es ist – wie lange noch? – ein Land mit humanen Dimensionen, wo, ungeachtet gewisser politischer und sozialer Konflikte, die einzigen „Bettler" die Mönche in ihren gelben Roben sind, die am frühen Morgen über die Straßen und Wege der Städte und Dörfer wandern und denen niemand eine Handvoll Reis verweigert.

All das ist einem Europäer fremd und in keiner Weise vergleichbar mit dem, was er in anderen Regionen Südostasiens findet. Aber was ihn Myanmar mehr lieben lassen wird als irgendein anderes Land, das ist die Freundlichkeit und Wärme des Empfangs, das Lächeln der Myanma, das so ansteckend wirkt; denn „das Land umschließt seine Freunde mit einer Art von Zauber, den sie, selbst wenn sie es wollten, nicht durchbrechen können" (John F. Cady, A History of Modern Burma, 1958).

Myanmar zählt noch zu den wenigen Regionen unserer Erde, die vom Massentourismus bisher verschont geblieben sind. Dabei braucht das Land den Vergleich mit seinen Nachbarländern Bangladesh, Indien, China, Laos und Thailand nicht zu scheuen. Nach jahrzehntelanger Isolation beginnt es jetzt, sich Besuchern aus dem Westen behutsam zu öffnen. 1996 war als Jahr des Tourismus deklariert und stand unter dem Slogan „Welcome to Myanmar, the Golden Land".

Geheimtip für Eingeweihte

Wenngleich eine beachtliche Anzahl (auch deutscher) Reiseveranstalter Myanmar bereits in ihr Angebot aufnommen hat, kann das „Goldene Land" aber immer noch als ein Geheimtip für Eingeweihte gelten. Reiseführer gibt es zwar schon fast ein halbes Dutzend auf dem deutschsprachigen Büchermarkt, aber im Bildbandangebot fehlt das größte Binnenland Südostasiens noch weitgehend.

„Myanmar – Land der goldenen Pagoden" lädt mit seinen über 450 Farbbildern zu einer Reise ein, die den Leser und Betrachter zu den wichtigsten Zentren birmanischer Geschichte und Kultur führt und ihm zugleich mannigfaltige Eindrücke vom Leben in

Union der Völker Myanmars

diesem so nachhaltig vom Buddhismus geprägten Vielvölkerstaat vermittelt, dessen vollständiger Name „Phin-daung-zu Myanma Naing-ngan-daw“ lautet: „Union der Völker Myanmars“.
Von den leuchtenden Goldpagoden Yangons (Ranguns) geht die Bilderreise über Bago, das einst als Pegu strahlende Hauptstadt des Reiches der Mon war, zu dem legendären Goldenen Felsen Kyaikthiyo im Süden des Landes, dem Ziel zahlreicher Pilger, dessen Besuch Fremden erst seit kurzem erlaubt wird.
Von Bagan (Pagan), dem einstigen Königreich der Tempel und Pagoden, das inmitten einer ländlichen Idylle am Ufer des Ayeyarwaddy (Irrawaddy) in Mittelburma liegt und ins Weltkulturerbe der Menschheit aufgenommen worden ist, führt sie weiter über den sagenumwobenen Sitz der Nats, den Popa Berg, zu den königlichen Städten Amarapura, Sagaing und Mandalay bis zum Inle See mit seinen Einbein-Ruderern, schwimmenden Märkten und Gärten und dem Grottenheiligtum der achttausend Buddhas bei Pindaya.

Man sieht nur, was man weiß

„Myanmar – Land der goldenen Pagoden“ möchte zum Besuch dieses „unbekannten Landes“ ermuntern, die Neugier des Lesers wecken auf das, was ihn dort erwartet und ihn zugleich kundig machen, damit er es „entdeckt“; denn so Goethe: „Man sieht nur, was man weiß.“
„Myanmar – Land der goldenen Pagoden“ präsentiert Aufnahmen, ausgewählt aus mehreren tausend jüngst von beiden Autoren fotografierten, ergänzt durch einige von Lay Maung und Professor Franz Zeithammer, zu Bildkapiteln geordnet, die dem Verlauf einer Burma-Reise folgen, wie sie seit kurzem angeboten werden:
Yangon – Stadt der Shwedagon
Bago und der Goldene Felsen
Bagan – Königreich der Tempel
Königliche Städte: Amarapura, Mandalay, Sagaing
Inle See und Pindaya

Die einführenden Beiträge über Myanmar und den Theravada-Buddhismus in Verbindung mit der Nat-Verehrung sowie die Legendentexte im Anschluß an den Bildteil mögen zu einem vertieften Verständnis des durch das Mosaik der Fotos entworfenen Bildes des „Goldenen Landes“ führen.

Die Umschrift birmanischer Begriffe ist nicht einfach und schon garnicht einheitlich in der Literatur. Der Wunsch, Korrektheit mit Lesefreundlichkeit zu verbinden, zwang dazu, in den meisten Fällen auf eine Getrenntschreibung myanmarischer Begriffe ebenso wie auf diakritische Zeichen zu verzichten. Bei geographischen Namen entschieden sich die Autoren, aus Respekt vor den Myanma, im allgemeinen für die heute in ihrem Lande üblichen, also Yangon statt Rangoon oder Rangun und Ayeyarwaddy statt Irrawaddy oder Irrawadi.

Aber das ist eigentlich nicht so entscheidend. Wichtig ist, daß die Bilder „sprechen" und vom Leben in diesem faszinierenden, liebenswerten Land erzählen, dessen „Vergangenheit das Geheimnis seiner Gegenwart birgt" (V. C. Scott O'Connor, Mandalay and other Cities of the Past in Burma, 1907) – in einer Art erzählen, die Rudyard Kipling im Sinn hatte, als er 1889 in seinen „Letters from the East", schrieb:

Goldenes Wunder

Und dann erhob sich ein goldenes Wunder am Horizont,
ein leuchtendes, glänzendes Wunder,
das in der Sonne erstrahlte...
„Das ist die alte Shwedagon", sagte mein Begleiter.
Die goldene Kuppel sagte: „Dies ist Burma,
und es ist anders als jedes Land, das du kennst."

Lay Maung

Myanmar
Goldenes Land

Wir schützen das Vaterland,
Das uns die Ahnen vererbten.
Wir sterben dafür, wenn es sein muß.
Es ist unser Land, es ist unsere Erde.
Laßt uns zusammenstehen zu ihrem Schutz!

Nationalhymne Myanmars

Der Name Myanmar wird schon lange von der Bevölkerung zur Bezeichnung ihres Heimatlandes benutzt, das die Briten nach der größten Nationalitätengruppe, den Bamar, Burma nannten. Myanmar ist bekannt als das „Goldene Land", aus zweifachem Grund, einmal weil es Tausende von goldenen Pagoden hat und zum anderen, weil es ein reiches und gelobtes Land ist, seiner Landwirtschaft und seiner Mineralien wegen.

Lage und Größe

Myanmar erstreckt sich 1300 Meilen (etwa 2100 km) von Norden nach Süden, von den Bergen Tibets bis zum Indischen Ozean. In der Breite mißt es 575 Meilen (925 km) von dem Naaf Fluß an der Bangladesh-Grenze bis zum Mekong, der Myanmar von Laos trennt. Es liegt im Südosten Asiens zwischen 24° 41′ und 9° 58′ nördlicher Breite sowie 92° 10′ und 101° 11′ östlicher Länge.
Myanmar ist das größte Land der südostasiatischen Halbinsel. Da es in seiner Gesamtfläche 676577Quadratkilometer umfaßt, ist es zweimal so groß wie Vietnam und hat ungefähr die Größe des Vereinigten Königreichs und Frankreichs zusammen.
Myanmar wird im Nordwesten begrenzt von Bangladesh und Indien, im Nordosten von China, im Südosten von Laos und Thailand, im Süden und Südwesten von der Andaman See und der Bucht von Bengalen.

Hauptflüsse Myanmars

Es gibt drei parallel von Norden nach Süden fließende Flüsse: Den Ayeyarwaddy, der 1200 Meilen (etwa 1600 km) lang, 900 Meilen (1450 km) landeinwärts von seiner Mündung bei Yangon aus schiffbar ist. Den Sittaung mit 262 Meilen (422 km) und den Thanlwin mit 759 Meilen (1222 km) innerhalb der Grenzen Myanmars, während der Chindwin, der Hauptzufluß des Ayeyarwaddy, 500 Meilen (800 km) weit schiffbar ist.

Klima

Man kennt in Myanmar im allgemeinen drei Jahreszeiten: Die heiße Saison dauert von März bis Mai. Während dieser Jahreszeit ist es ausgesprochen warm, mit einer Höchtstemperatur von 38° C in Yangon, in Mandalay und Bangan sogar mit der extremen Temperatur von 49° C, während das Delta und der Norden niedrigere Temperaturen aufweisen.
Während der Regenzeit von Mai bis Oktober weht der Monsum von Südwesten, und es ist feucht, verbunden mit gelegentlichen

Überschwemmungen; es regnet oft mehrere Tage lang ununterbrochen. Die durchschnittliche Regenmenge beträgt in dieser Jahreszeit 254 Zentimeter. Der Regen überflutet die trockenen, von Rissen durchzogenen Felder der Bauern mit Wasser und hilft, das Land genügend aufzuweichen, damit Reis angepflanzt werden kann.

Die kalte Jahreszeit setzt ein, sobald die Regenzeit vorüber ist. Sie dauert von November bis Februar: Es ist angenehm kühl, trocken-frisch und klar.

Die Temperatur ist abhängig von der Höhenlage. Insbesondere im Land der Shan ist es wesentlich kühler. Während der kalten Jahreszeit ist es am günstigsten, Myanmar zu besuchen. Die Durchschnittstemperatur liegt tagsüber bei 29° C, während sie in den Nächten 16° C beträgt.

Blick in die Geschichte

Die frühe Geschichte Myanmars beginnt mit der Gründung der ersten Hauptstadt durch die Könige Myanmars bei Tagaung, 100 Meilen (160 km) flußaufwärts von Mandalay. Die Pyu-Kultur blühte im Flußtal des Ayeyarwaddy von Tagaung bis Pyay etwa ab dem 1. Jahrhundert n. Chr. und erreichte einen hohen Stand ökonomischer, sozialer und kultureller Entwicklung. Als Zeugnis davon können die Hinterlassenschaften der Pyu-Kultur in dem Dorf Hmawzar der Stadt Pyay besichtigt werden. Dort gibt es ein interessantes Museum und eine Ausgrabung an der Stelle der alten Hauptstadt Srikshetra. 832 n. Chr. brach die Pyu-Dynastie zusammen.

Volksgruppen der Mon siedelten schon in vorchristlicher Zeit im Delta des Ayeyarwaddy. Die Hauptstadt des von ihnen geschaffenen Königreichs Dvaravati, das vom 1. bis 10. Jahrhundert n. Chr. bestand, war Thaton. A. d. Ü.

Bagan-Dynastie

Die Bagan-Dynastie wurde 849 n. Chr. begründet. Es war eine lang herrschende Dynastie, während der 55 Könige in Folge regierten. Bagans bestimmende Periode dauerte 107 Jahre bis 1325. Es wird vermutet, daß die Bevölkerung von Bagan die Nachkommen der Pyu-Dynastie waren, da der Name „Bagan" sich von dem Sanskrit-Wort „Pyu gam" oder „Pyu gama" ableitet, was „Ort der Pyu" bedeutet. Die Bagan-Dynastie wird als das Erste Reich Myanmars angesehen, das durch König Anawrahta vereinigt worden ist, mehr als zwanzig Jahre vor der Eroberung Englands durch die Normannen im Jahre 1065.

Nach dem Niedergang Pagans entstanden kleine Fürstentümer, bis sich mit Inwa (Ava) ein neues Königreich entwickelte, dessen Herrscher nahezu zweihundert Jahre von 1364 bis 1555 regierten.

Taungoo-Dynastie

Während der Taungoo-Dynastie (1486–1752) regierten vierzehn Herrscher. Der erfolgreichste war Bayinnaung (1555–1581), der Myanmar zu einem starken und vereinigten Land zusammenfügte und sein Reich in Südostasien wesentlich ausdehnte, weshalb König Bayinnaung in der Geschichte Myanmars als der Gründer des Zweiten Reiches von Myanmar gilt.

Konbaung-Dynastie

König Alaungpaya von Shwebo besiegte die Mon-Könige und begründete die dritte Dynastie in der Geschichte Myanmars, die der Konbaung (1752–1885). Unter dieser Dynastie weitete Myanmar sein Territorum aus und wurde zu einem mächtigen Reich, das mit den Briten in Konflikt geraten mußte, die ihrerseits dabei waren, ihr Reich in Indien auszudehnen. Die letzte Dynastie von Myanmar hatte ihre Hauptstädte in Shwebo (1752–1765), Inwa oder Ava (1765–1783), Amarapura (1783–1857) und Mandalay (1857–1885).

Ausländische Beeinträchtigungen gab es in Myanmar nicht bis 1060, während der Regierung von König Anawrahta, mit Ausnahme der Religionsverbindungen mit Ceylon (Sri Lanka).

Marco Polo & Nicolo di Conti

1279 kam mit Marco Polo ein Italiener aus Venedig nach Myanmar. 1453 erreichte Nicolo di Conti aus der gleichen Stadt das Land von der See her.

Zu dieser Zeit, so scheint es, war Bago (80 km von Yangon entfernt) eine aufblühende Hauptstadt, wirtschaftlich attraktiv für die ausländischen Händler. 1563 besuchte ein anderer italienischer Kaufmann, Caesar Fredricke, Bago, um Handel zu treiben.

Danach kamen Portugiesen nach Myanmar, insbesondere in die Küstengebiete. Nach den Aufzeichnungen von Walter Payton, einem englischen Kaufmann, der 1612 in Myanmar gewesen war, betrieben die Portugiesen Schiffswerften in den Küstenregionen. 1600 berief Min Raza, König von Rakhine (Arakan), Felipe de Brito, einen portugiesischen Abenteurer, zum Bürgermeister von Thanlyin (Syriam), als sich dieser ihm in taktvoller Weise diplomatisch näherte. Doch de Brito verriet den König und Rakhine und ging zu dem protugiesischen Vizekönig von Goa in Indien. Dort empfahl er diesem, in Myanmar einzufallen und es zur Kolonie zu machen.

Felipe de Brito

Er bat ihn auch darum, ihm den Rang eines Gourverneurs zu verleihen. Als er zurückkehrte, besetzte er deshalb Thanlyin und rief es als portugiesische Kolonie aus. Er zerstörte die religiösen Gebäude der Buddhisten, Tempel, Pagoden und Klöster, auf der Suche nach wertvollen Schreinen. Aus den bronzenen Glocken der Pagoden ließ er Waffen gießen. Schwerwiegender war, daß er alle Exporte und Importe mit Steuern belegte. Er wütete so verheerend, daß König Anauk Phet Lun Min nach Thanlyin zog und ihn absetzte. Es war das Ende der portugiesischen Aggressionen in Myanmar.

Die Holländer kamen nach dem portugiesischen Rückzug nach Myanmar, aber nicht für lange. Schon 1679 verließen sie es wieder.

1587 schickte Elisabeth I. Ralph Fitsch nach Myanmar zur Beobachtung der Situation in Fernost. 1617 wurde Thomas Samuel nach Myanmar entsandt. Nach dem Tode Samuels in Myanmar wurden Henry Forrest und John Steveley von der British East India Company nach dort beordert. Zu dieser Zeit waren auch Franzosen in Myanmar und betrieben das Geschäft des Schiffbaus. Die Briten waren die eigentlichen Fachleute für Teakholz aus Myanmar.

Anglo-myanmarische Kriege

Im Jahre 1647 reisten Vertreter der British East India Company an Bord der „Endeavor" nach Myanmar, mit Geschenken für König Thalon; sie trieben Handel von 1629 bis1648.

Nach der Abreise der Holländer im Jahre 1679 blühte das Geschäft der Franzosen in Myanmar. Deshalb suchten auch die Briten dort nach Handelsmöglichkeiten. Dadurch kam es zu drei anglo-myanmarischen Kriegen. 1825 wurden Rakhine (Arakan), Myeik (Mergui) und Danubyu von den Briten besetzt.

Nach dem Zweiten Anglo-myanmarischen Krieg besetzten die Briten Yangon (Rangoon), Muttama (Maturban), Bago (Pegu) und Pyay (Prome). Von da an bis zum 29. November 1855 beherrschten die Briten Nieder-Burma. In dieser Zeit wurde Myanmar von König Thibaw, dem letzten König der Konbaung-Dynastie, der ziemlich schwächlich war, regiert. So war es für die Engländer ein Leichtes, am 29. November 1885 den letzten König von Myanmar nach Indien ins Exil zu schicken. Damals wurde Myanmar eine britische Kolonie wie Indien.

Während der Kolonialverwaltung entstand eine große Zahl von nationalen Bewegungen gegen die Briten. 1920 wurden die ersten nationalen Schulen gegründet. Die Briten herrschten in Myanmar seit 1923 mittels eines Regierungssystems, das auf Infiltration setzte.

Friedliche Revolution

1930 fand eine friedliche Revolution gegen die britischen Eindringlinge statt. 1937 wurde Myanmar von Indien abgetrennt und mit Hilfe einer neuen Verfassung regiert. Während des 2. Weltkrieges verließen die Briten Myanmar, als Folge der nationalen Erhebungen, die General Aung San anführte. Die Widerstandsbewegungen innerhalb des Landes wurden von den Japanern unterstützt, aber sie besetzten Myanmar nach dem Auszug der Briten, von 1942 bis1945. Die Briten eroberten Myanmar anschließend wieder für drei Jahre, 1945 bis 1948. General Aung San, der Nationalheld, wurde 1947 ermordet. Myanmar gewann seine Souveränität und Unabhängigkeit am 4. Januar 1948 zurück und wurde dann von der A.F.P.F.L. (Anti Fascist People's Freedom League) von 1948 bis 1962 regiert. Da diese Regierung sich als unfähig erwies, den internationalen Handel in angemessener Form zu organisieren, proklamierte General Ne Win, der Vorsitzende des Revolutionsrats, den Übergang der Regierungsgewalt auf die Pyithu Hluttaw und die Abschaffung des Revolutionsrates.

Die Pyithu Hluttaw (Oberste Legislativ-Körperschaft) wählte U Ne Win als Präsident der Sozialistischen Republik der Union von Burma.

Mitglied der Asean-States

Er führte das Land zum Sozialismus und gründete die Burma Socialist Program Party, die eine Zentralisation in allen Bereichen einführte. Nicht alle waren damit einverstanden, und 1988 fegte ein politischer Sturm den Sozialismus hinweg. Der State Law and Order Restoration Council proklamierte die Ablösung der Regierungsgewalt der B.S.P.P. am 18. September 1988. Seit dem 23. Juli 1997 ist Myanmar Mitglied der Asean-States.

Bevölkerung

Das Wort Myanmar setzt sich zusammen aus „myan – fest zusammenhaltend" und „mar – mächtig". Mächtig ist Myanmar in der Tat, denn es ist eine Union von acht Hauptbevölkerungsgruppen: Kachin, Kayah, Kayin, Chin, Mon, Bamar, Rakhine und Shan. Darüber hinaus hat jede Majoritätsgruppe – mit Ausnahme der Bamar – mehrere Unterabteilungen, so viele, daß man 135 Stammesgruppen zählen kann, die über hundert Sprachen und Dialekte sprechen. Jede ethnische Gruppe hat ihre eigenen Gebräuche, ihre eigene Kultur, eigene religiöse Überzeugungen und ihre eigene darstellende Kunst.

48 Millionen Einwohner

Myanmar hat heute nahezu 48 Millionen Einwohner. Die Bamar stellen 69 Prozent der Gesamtbevölkerung. Aber der Name Myanmar umschließt alle Nationalitäten.

Die Menschen in Myanmar sind großzügig, höflich, hilfreich und ehrlich. Sie sind zurückhaltend, Negatives sagen sie nicht gern, selten hört man ein „Nein". Sie sind immer bereit, einander oder jemand anderem zu helfen. Lächelnde Gesichter freundlicher Menschen kann man überall in Myanmar sehen.

Man wird auch eine besondere Art von Schönheit in den Gesichtern der Frauen erblicken. Sie verschönern ihre Gesichter mit Thanaka, mit Linomia acidissima, wie der entsprechende botanische Ausdruck lautet. Traditionell zerreiben sie es mit Wasser auf dem Kyaukpyin, einem flachen, runden Stein. Sie glauben, es helfe, die Haut samtig zu machen und schütze vor Sonnenbrand.

Kleidung

Die typische Bekleidung der Myanma ist einfach und einzigartig zugleich. Männer tragen ein Hemd und den Longyi (Lonchi). „lone" bedeutet in der Sprache von Myanmar „sicher" und „chi" soviel wie „festbinden". Daher kann Longyi ganz einfach mit „sicher gebunden" übersetzt werden. Der Longyi wird in verschiedenen Arten und Materialien, in Baumwolle oder Seide, hergestellt. Im allgemeinen wird Baumwollstoff verwandt. Die beiden Enden eines Fabrikates, ungefähr zwei Meter in der Länge und etwa 1,20 Meter in der Breite, werden zusammengenäht, um ein gerundetes Stoffteil zu erhalten. Man steckt die Beine hinein, verknüpft den Longyi oben und schnürt ihn um die Taille. Ein Gürtel wird nicht gebraucht.

Die Frauen tragen eine Bluse und den Longyi. Den Longyi für Männer nennt man auch Pasoe, den für Frauen Htamein. Die meisten Frauen Myanmars lieben es, ihr Haar lang zu tragen, und in früheren Zeiten bevorzugten die Frauen auch lange Longyis, die bis tief über die Knie hinabreichten. Es war für eine Frau unschicklich, wenn man diese sehen konnte. Heute sind die Longyis für Damen sehr viel kürzer als in früheren Zeiten.

Die unterschiedlichen Volksgruppen tragen davon abweichende Kleidungsstücke.

Obwohl Myanmar am Schnittpunkt zweier Kulturen – China und Indien – liegt, hat es eine eigenständige Kunst und Kultur entwickelt. Es gibt einen eigenen Stil der Musik, des Tanzes, des Marionettentheaters und des Schauspiels. Myanmars Kultur ist stark vom Buddhismus beeinflußt.

Musik

Die Musik Myanmars basiert auf einer siebentönigen Tonskala, sie kennt keine chromatische Tonleiter, und viele Klänge sind für westliche Ohren fremd und ungewöhnlich. Ungeachtet dessen offenbart die moderne Musik unverkennbar ihre Beeinflussung durch die westliche Musik, und Instrumente wie das Piano, das Saxophon, die Gitarre und die Klarinette sind heute Bestandteil des modernen myanmarischen Orchesters. Traditionelle myanmarische Musikinstrumente sind die Saung-gauk, eine sechzehnseitige bootförmige Harfe, und das Sing-wine, ein Kranz von Trommeln. Das Sing-wine besteht aus 21 Trommeln unterschiedlicher Größe zur Erzeugung unterschiedlicher Töne.

Tanz

Die klassische Tanzkunst Myanmars läßt sich in zwei Haupttraditionen einordnen: Den eigentlichen Tanz und das Tanzdrama, das üblicherweise Jataka-Geschichten darstellt, die mit Anmut und Ebenmaß die Bedeutung des jeweiligen Augenblicks schildern. Die Tänze werden bei Nacht auf Freilichtbühnen während der Festivals und an Ferientagen vorgeführt oder während der kalten Monate von November bis April. Die für Myanmar typischen Tänze kann man in vier Gruppen einteilen:

Anyein Pwe

Der Anyein Pwe ist eine Art musikalischer Komödie. Es gibt keine eigentliche Handlung, außer den behenden Tanzbewegungen einer Tänzerin nach der schnellen Musik. Spaßmacher sind ein unverzichtbarer Teil dieser Show.

Yein- oder Gruppen-Tanz

Diese tanzende und singende myanmarische Gruppenformation präsentiert ein farbiges und gefälliges Schauspiel. Es ist eine Form der Unterhaltung, die besonders während des Wasser-Festivals Mitte April gepflegt wird.

Zat Thabin

Der Zat Thabin, eine auf einer Geschichte basierende Unterhaltung, ist eine Art Tanzdrama, das sich auf Ereignisse der buddhistischen Märchenwelt stützt, auf die Lebensgeschichte alter

Könige oder auch auf das Ramayana. Die ganze Skala menschlicher Gefühle findet darin ihren Ausdruck; der Zat Thabin endet gewöhnlich in tragischer Form.

Yoke Thay Pwe Marionetten-Schau

Die myanmarische Marionette ist der Vorläufer des modernen Zat Thabin und findet sich in dieser Art nur in Myanmar. Die zweieinhalb oder dreieinhalb Fuß (etwa 0,75 bis 1,10 Meter) hohen Puppen werden von oben mittels Schnüren von einem 22 Fuß (etwa 7 Meter) großen Gerüst aus bewegt. Der Puppenspieler handhabt seine genau bis in jedes Detail sorgfältig bekleideten Puppen so meisterhaft und deklamiert die Verse der dramatischen Geschichten mit einer solchen Eloquenz und fesselnden Kunstfertigkeit, daß den davon in Bann geschlagenen Zuschauern die Marionette im Verlauf der Show nach und nach zum wirklichen Menschen wird.

Bildende Kunst

Die frühen Malereien Myanmars findet man konzentriert in Bagan, da die meisten ein religiöses Thema zum Inhalt haben. Gemälde, die sich auf den Wänden, Fluren und Decken hunderter Tempel und Klöster finden, und Illustrationen auf myanmarischen Lackarbeiten sind ausgezeichnete Beispiele alter Malereien, wie sie aus dem 11. bis 13. Jahrhundert in den Tempeln von Bagan zu sehen sind. Sie sind durchweg in gutem Zustand dank ihrer Restaurierung und Konservierung im Zuge einer Kooperation zwischen der Regierung und der UNESCO. Dem Stil der Malereien Myanmars liegt eine gewisse realistische Auffassung zugrunde. Westliche Kunst, sowohl in Öl wie als Aquarell, hat seit 1920 Eingang in die myanmarische Malerei gefunden.
Die früheste Erscheinungsform der Kunst Myanmars stellen Stein-, Bronze- und Terracotta-Objekte dar, hauptsächlich in realistischer Manier, wie man sie noch im alten Srikshestra in Pyay (Prome), Bagan, Bago, Thaton und in den Hauptpagoden und -klöstern des Landes findet. Die myanmarische Keramik war in früheren Zeiten sehr hoch entwickelt. Ein einfacher glasierter Dachziegel, den man jetzt von einem tausend Jahre alten Gebäude nimmt, sieht aus wie neu.
Kunst und Kultur spiegeln sich auch in der Architektur. Mit einem unerschöpflichen Vorrat des besten Teak-Holzes versehen, das als der Welt wertvollstes Bauholz gilt, konnten sich die Myanma zu Meistern in der Kunst des Holzschnitzens entwickeln.

Religion

Jedermann in Myanmar genießt das Recht auf Religionsfreiheit. Der Theravada-Buddhismus, zu dem sich über 80 Prozent der Bevölkerung bekennen, ist die vorherrschende Religion. Es gibt außerdem Christen, Muslime und Hindus. Unter den Bevölkerungsgruppen der Eingeborenen finden sich auch noch einige Animisten. In den Bergregionen und in dem Kayin-Staat leben mehr Christen als in den Ebenen.
Der Buddhismus hat einen großen Einfluß auf das tägliche Leben der Myanma, die sich zu ihm bekennen. Sie können als sehr zufriedene Menschen bezeichnet werden. Der überwiegende Teil wurde gelehrt, den acht Wegen der irdischen Welt zu widerstehen, die man gemeinhin als Gewinn und Verlust, Ruhm und Schande, Lob und Tadel, Glück und Leiden bezeichnet. Jedermann, der gläubig ist und die Regeln Buddhas befolgt, gilt als Buddhist. Die Buddhisten erweisen den fünf Unendlichkeiten große Ehrerbietung: Buddha, Dhamma (der Lehre Buddhas), Sanghas (Mönchen), Eltern und den Lehrern. Buddhisten haben sich Älteren gegenüber stets respektvoll zu verhalten.
Die Bevölkerung Myanmars nimmt das Gebot der Barmherzigkeit sehr ernst, befolgt gern die vielen Vorschriften und liebt die Meditation.

Feste

Zahlreich sind die religiösen Feste und Zeremonien, die in Myanmar während des ganzen Jahres gefeiert werden.

Shinpyu Noviziat

Am bedeutendsten sind die Shinpyu- oder die Noviziats-Zeremonien. Entsprechend buddhistischer Vorschrift müssen alle Eltern ihren Sohn ein Noviziat ableisten lassen. Dies ist das höchste Verdienst im Leben. Wenn sie keinen Sohn in der Familie haben, können sie einen adoptierten Sohn ins Noviziat schicken. Jeder buddhistische Junge, der alt genug ist, um gehen und sprechen zu können (es gibt keine Altersbegrenzung), kann unter den vorgeschriebenen Riten ins Noviziat treten.
Die Tradition des Shinpyu, d.h. das Noviziat, geht zurück auf Rahula, den Sohn Buddhas. Im zweiten Jahr nach seiner Erleuchtung besuchte der Göttliche Buddha Kapiavatthu, seinen Geburtsort, um seine Verwandten einschließlich seines alten Vaters, des Königs Suddodana, und seiner von ihm im Stich gelassenen Frau, Königin Yasodhara, zu besuchen. Als er dabei war, den Palast nach seiner Predigt zu verlassen, schickte Königin

Yasodhara ihren einzigen Sohn, Rahula, den Buddha nach seinem väterlichen Erbe zu fragen.
Entsprechend der Bitte des Jungen wies Buddha den verehrungswürdigen Sariputta, seinen Schüler an, Rahula in den buddhistischen Mönchsorden aufzunehmen. So wurde der Junge ein Novize, Koyin in der Sprache Myanmars. Der Gebrauch des Wortes Koyin ist passender als das Wort Novize, da die Pflichten eines Koyin sich ein wenig von denen eines Novizen unterscheiden.

Zur Feier einer Shinpyu-Zeremonie werden dem Jungen schöne Kleider (manchmal die eines Prinzen früherer Zeit) angezogen. Es findet eine Prozession der Anwesenden, der Eltern und Verwandten, durch die Ortschaft oder zu einer bedeutenden Pagode in der Nähe statt. Eltern und Verwandte tragen dabei Parrikhara (für den Gebrauch eines buddhistischen Mönches vorgeschriebene Gegenstände) einschließlich der gelben Robe und der Opferschale.
Anschließend begeben sich alle zu dem Kloster. Nach der Ankunft dort schert der Senior der Mönche dem Knaben das Haar. Während das Haar geschoren wird, halten die Eltern ein weißes Tuch ausgebreitet, um darin die Haare zu sammeln. Der Junge sitzt dem Ältesten der Mönche gegenüber und bittet in vorgeschriebener Weise um die gelbe Robe. Daraufhin wird ihm diese übergestreift, während der Junge weiterhin vor dem ordinierenden Mönch hockt. Dann wird der Knabe aufgefordert, ihm nachzusprechen: „Buddham saranam gacchami – Ich suche meine Zuflucht bei Buddha", „Dhammam saranam gacchami – Ich suche Zuflucht bei den Lehren Buddhas", „Sangham saranam gacchami – Ich suche Zuflucht bei den ehrenwerten Mönchen".
Es ist diese dreifache Zufluchtsformel, die er dreimal wiederholen muß. Dann hat er die zehnfachen Vorschriften einzuhalten. Als Koyin hat er außerdem einige untergeordnete Regeln der Vinaya-Disziplin oder des Verhaltenskodexes zu befolgen.

Rahankhan
Höhere Ordinations-Zeremonie

Jeder Koyin oder buddhistische Jüngling, der zwanzig Jahre oder älter ist, kann in die Ordensgemeinschaft der älteren buddhistischen Mönche eintreten. Es geschieht immer nur nach dem Noviziat, in einer anderen Zeremonie, die als die Höhere Ordinations-Zeremonie oder als Rahankhan bezeichnet wird.

Auch hier erfolgt eine Prozession, jedoch nur für einen jungen Mann, der nicht schon Koyin gewesen ist.
In den frühen Tagen, als Buddha noch selbst missionierte, berief er eine Anzahl neu rekrutierter Mönche durch einfachen Zuruf „Ehi Bikkhu", das bedeutet „Komm, oh Mönch". Später erlaubte Buddha seinen Schülern, zur Prüfung der Eignung diese Zeremonie abzuwandeln, indem sie den Mönchsanwärter anwiesen, die drei Zufluchtsformeln aufzusagen.
Der Mönch im Theravada-Buddhismus hat die 227 Regeln zu beachten, die für jedes Mitglied der Mönchsgemeinde vorgeschrieben sind. Entsprechend der Tradition hat sich jeder buddhistische Junge den beiden Zeremonien zu unterwerfen. Er kann sein Leben als Mönch oder Koyin mindestens sieben Tage führen oder so lange, wie er es wünscht.

Thingyan Wasserfest · Mitte April

Drei Tage voll übermütiger Belustigungen, während denen es erlaubt ist, mit Wasser zu spritzen und die Leute hineinzutauchen, führen in Myanmar in das Neue Jahr ein. Pavillons werden errichtet, kleine Erfrischungen kostenlos an alle Passanten gereicht. Von offenen Wagen wird Wasser aus Schläuchen von den unbekümmert Feiernden gespritzt, die Lieder oder satirische Verse singen und auf dekorierten, flachen Wagen stehen. All das verleiht Thingyan sein eigentümliches Gepräge.
Für die ältere Generation ist Neujahr eine Gelegenheit, den Ruhetag zu genießen und verdienstvolle Taten zu verrichten.

Vollmondtag des Monats Kason (Mai)

Lange Reihen von Verehrerinnen, junge Mädchen mit irdenen Töpfen, die sie auf dem Kopf balancieren, gehen den Weg zur Shwedagon-Pagode, um den Wurzeln des heiligen Bodhi-Baumes Wasser zu opfern. Der göttliche Buddha erlangte unter einem solchen Bodhi-Baum die Erleuchtung, weshalb an diesem Tag friedlich und respektvoll gefeiert wird.

Vollmondtag des Monats Waso (Juli)

Junge Leute pflücken Blumen und opfern sie bei den Pagoden am Waso-Vollmondtag, im Gedenken an Buddhas erste Predigt und um den Beginn der buddhistischen Fastenzeit mit Pomp und Prunk zu feiern. Neue gelbe Roben und andere ihren Bedürfnissen entsprechende Geschenke werden den Mönchen dabei überreicht.

Taung Pyone Fest im August

Obwohl myanmarische Buddhisten keine Geister anbeten, strömen tausende Land- und Stadtbewohner gleich einer Herde zu diesem jährlichen Fest der Nats, dem Geister-Fest, in die Nähe von Mandalay, um an dessen fröhlichen, unbeschwerten Lustbarkeiten teilzunehmen.

Der kleine Taung Pyone Hügel und die benachbarte Gegend ist den Nats als die ihnen gehörende Provinz von den Königen Myanmars seit der Bagan-Dynastie im 11. Jahrhundert zuerkannt worden.

Dieses einmal im Jahr stattfindende Fest wird zu Ehren all der vielen Nats gefeiert, die man in Myanmar kennt.

Thadingyut Lichterfest im Oktober

Mit dem Ende des Monsuns beginnt die kühle und angenehmste Zeit des ganzen Jahres. Viele Städte und Stadtviertel sind während des Thadingyut Festes prächtig beleuchtet. Ein strahlender Mond blickt auf die in ein Märchenland verwandelte Szenerie hinab, die von tausenden funkelnder und farbiger Lichter erhellt wird.

Das Fest erinnert an den Tag, an dem der Göttliche Buddha zur Erde zurückkehrte, nachdem er seiner Mutter Abidhamma in dem Wohnort der Engel gepredigt hatte. Das Fest bedeutet auch das Ende der viermonatigen buddhistischen Fastenzeit.

Fest der Phaung Daw U Pagode

Das Fest der Phaung Daw U Pagode wird im Monat Oktober gefeiert. Unter den Klängen der Eröffnungsfanfare und dem Schlagen der Ozi-Trommeln werden fünf Buddha-Bilder tanzend auf eine dekorierte, schwimmende Karaweikbarke gebracht und um den Inle See im Staat der Shan gefahren. Boote, die mit den berühmten Einbeinruderern bemannt sind, folgen der Prozession.

Am Dazaungdine Fest im November nehmen Gruppen liebreizender Weberinnen ihre Plätze an unterschiedlichen Webstühlen auf der Plattform der Shwedagon Pagode ein. Im Wettstreit miteinander weben sie während einer Nacht safranfarbene Roben. Eine große Menschenmenge wartet gespannt darauf, daß das Signal zum Beginn des Webens für die einzelnen Teams gegeben wird. Das Weben dauert vom Abend bis zum anbrechenden Morgen. Dann werden die Roben vor dem großen Standbild des Göttlichen Buddha als Opfergabe dargebracht. Der November-Vollmond beleuchtet die Menge der Feiernden auf den sorglos trunkenen Straßen. Junge Leute lassen Feuerwerkskörper in den Himmel aufsteigen.

Myanma haben keinen Familiennamen

Das Namensgebungssystem in Myanmar ist einzigartig. Da die Myanma keine Familiennamen haben, kann aus dem Namen nicht auf die Familienzugehörigkeit geschlossen werden.
Es gibt mehrere Alphabete und viele Vokale innerhalb der myanmarischen Buchstaben, und die meisten Menschen in Myanmar glauben an Astrologie und Handlesekunst.
Entsprechend der Astrologie-Gläubigkeit hat jeder Tag der Woche seine jeweiligen Alphabete. Der Sonntag (Taninganwe) solche mit den Volkalen a, i, u, e, o; der Montag (Taninla) hat ch, ky, k, kh, g, gh, ng benannte Alphabete; der Dienstag (Inga) hat s, hs, z, ny; der Mittwoch (Buddha hoo) hat r, l, w, aber er ist in zwei Teile geteilt, die Zeit bis zwölf Uhr mittags gilt als der eigentliche Mittwoch, die Zeit von zwölf bis Mitternacht wird als Raha bezeichnet; Donnerstag (Kyathapatay) hat p, ph, b. bh als seine Alphabete; Freitag (Thakkya) hat th und h der Samstag (Sanay) t, ht, d, dh und n.
Der Name eines neugeborenen Kindes wird entsprechend einem zu seinem Geburtstag passenden Alphabet gewählt. Der Name beginnt mit einem Buchstaben des Alphabets, das dem Geburtstag entspricht.
Bei Männern wird vor dem Namen „Maung", „Ko" oder „U" gesetzt, entsprechend dem Alter, der Ehre oder dem Familienstand. „Maung" steht vor dem Namen eines Jungen oder jungen Mannes, „Ko" vor dem Namen eines unverheirateten Mannes mittleren Alters, „U" vor dem eines verheirateten Mannes. Es wird auch gebraucht, um einen ehrenwerten Mann zu bezeichnen.
Zum Beispiel: Ein Junge oder ein junger Mann, der an einem Montag geboren ist, kann „Maung Chit" heißen, Jüngere sprechen ihm mit „Ko Chit" an. Wenn er alt und verheiratet ist, heißt er „U Chit".
Bei Frauen wird „Ma" oder „Daw" entsprechend dem Alter, dem Familienstand und der Ehrenhaftigkeit vorgestellt. „Ma" steht gewöhnlich vor dem Namen der jungen Frau. Wenn sie verheiratet ist, wird „Daw" vor ihren Namen gesetzt.
Zum Beispiel: Ein junges Mädchen, das an einem Dienstag geboren ist, heißt „Ma Sein", solange es unverheiratet ist, danach „Daw Sein" (verheiratet und ehrenhaft).

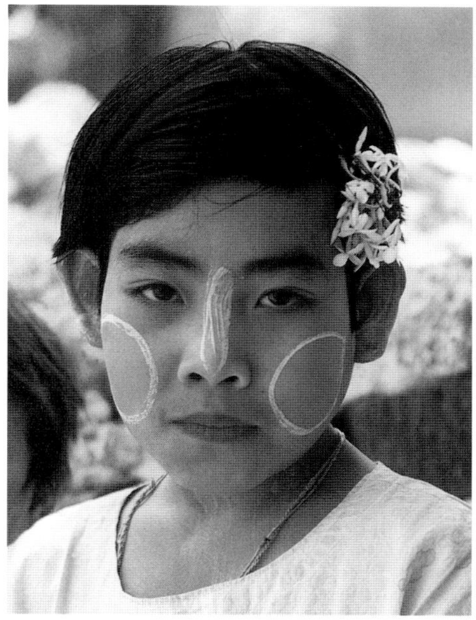

Ökonomische Entwicklung

Myanmar verfügt über genügend Land und Nahrungsmittel, um seine durchschnittliche Bevölkerungswachstumsrate von 1,9 Prozent je Jahr zu bewältigen.
Von der gesamten Fläche des Landes sind 50,9 Prozent mit Wäldern, den forstwirtschaftlichen Ressourcen, bedeckt, insbesondere mit Teak- und anderen Arten von Harthölzern. Seltene Tiere und Vögel sind offiziell gut geschützt.
Das Hotel- und Tourismus-Geschäft wächst derzeit in hohem Maße. Viele neue Hotels werden von ausländischen Investoren gebaut und betrieben, hauptsächlich solchen aus Singapur. Die Menschen in Myanmar haben deshalb heute mehr lohnende Arbeitsmöglichkeiten als noch drei Dekaden zuvor.
Die Einheit des in Myanmar gültigen Geldes ist Kyat und Pya, ein Kyat besteht aus hundert Pya. Er sind Münzen und Papiergeld im Umlauf. Die gültigen Geldscheine sind solche von 50 Pyas, 1, 5, 10, 15, 20, 45, 50, 90, 100, 200 und 500 Kyats. Es gibt eine zweite gültige Währung, die F.E.C. (Exchange Certifikate). Sie sind im Gebrauch als Alternative zum US-Dollar; es gibt Scheine von 1, 5, 10 und 20 F.E.C s.
Der State Law and Order Restoration Council hat, nachdem er Ende 1988 Staatsverantwortung übernommen hat, strukturelle Regelungen erlassen, um den Weg von einer zentralen Planwirtschaft zu einem marktwirtschaftlich orientierten ökonomischen System zu ebnen. Um eine stärker marktorientierte Wirtschaft zu forcieren, hat Myanmar den Innen- und Außenhandel liberalisiert. Derzeit fördert man den Anteil des privaten Sektors und öffnet sich für ausländische Investoren.
Während der Übergangsperiode bestimmten Jahreswirtschaftspläne für die Zeit von 1989/90 bis 1991/92 die Entwicklung. Die Politik änderte sich dann, und es wurden Reformmaßnahmen unternommen. Die Hauptgesichtspunkte der Jahrespläne waren, auf kurze Sicht wirtschaftliche Stabilität und Wachstum zu erreichen, auf lange Sicht die Grundlagen für Unternehmensgründungen zum Zweck eines ständigen Wachstums zu legen.
Dank der Anstrengungen zur Stabilisierung der wirtschaftlichen Entwicklung und der unternommenen Reformmaßnahmen begann die Wirtschaft während der Jahre 1989/90 und 1991/92 langsam zu gesunden, mit Wachstumsraten von 3,7 Prozent in den Jahren 1989/90 und 1990/91. Jedoch sank die Wachs-

Bessere Wachstumsrate

tumsrate 1991/92 auf 0,6 Prozent als Folge der ungünstigen Witterungsverhältnisse und der schlimmen Überflutungen. Aber 1992/93 besserte sie sich wieder auf 9,7 Prozent dank einem befriedigenden Wachstum der makroökonomischen Daten, der Investitionen und der Exporte.

Ein Kurzzeitplan von 1992/93 bis 1995/96 wurde aufgestellt, um das Wirtschaftswachstum in Übereinstimmung mit den Leitlinien des Planes zu steigern. Die Hauptstoßrichtung des Kurzzeitplanes bestand darin, Produktion und Export mit dem Ziel anzuregen, eine wirtschaftliche Wiederbelebung zustande zu bringen und die wirtschaftliche Entwicklung zu beschleunigen. Vorrang wurde den Produktionssektoren Landwirtschaft, Viehzucht und Fischerei eingeräumt. Steigerung der Produktion im Bergbau, der verarbeitenden Industrie sowie im Bereich der Verarbeitungstechnik war ein weiterer Schwerpunkt. Darüber hinaus sollten Anstrengungen unternommen werden, den auf traditionelle Artikel beschränkten Export um neue Gebrauchswaren auszuweiten und die Deviseneinnahmen im Dienstleistungssektor zu erhöhen.

Essen in Myanmar

Hauptnahrungsmittel der Bevölkerung von Myanmar sind Reis und Curry. Die Art des Kochens ähnelt mehr oder weniger der von Indien. Der myanmarische Curry ist gelegentlich ein wenig scharf. Nyapi, eine spezielle Fischpaste, wird häufig beim Kochen verwandt. Barlachoung, Bratfisch-Paste mit getrockneten Garnelen, geschnittenen Zwiebeln und Knoblauch vermischt, ist eines der üblichen Gerichte der myanmarischen Tagesküche. Die Myanma mögen auch Gemüsesalat. Sie essen normalerweise gedünsteten Reis mit Curry, Nyapi, Salat, gebratenes Gemüse und Suppe. Niemals verzehren sie Hauskatzen und Hunde, da diese als dem Menschen freundschaftlich verbunden gelten.

Das typische myanmarische Frühstück ist Monhinga, Reisnudeln mit Bratfisch. Fisch, Zwiebeln, Ingwer, Garnelen, Zitronengras, geschnittene und gestampfte Bananen werden zusammen mit Erdnußöl gekocht, um die Sauce für das Monhinga zu bekommen. Manche essen es gemeinsam mit in Teig gebackenen Obstschnitten und Koriander. Monhinga wird auch bei der Shinpyu- und anderen Zeremonien gereicht.
Laphetthoke (Teeblattsalat) wird serviert, wenn ein Freund oder Gast dem Haus einen Besuch abstattet. Er wird zubereitet aus

grünen Teeblättern, gebratenen Garnelen, Erdnüssen, Sesam und Öl.
Die Myanma lieben es, als Dessert Früchte zu essen: Orangen, Papayas, Pomelos, Wassermelonen und Ananas, Jak-Früchte, Mangos, Bananen und Avocados. Die Zibetfrucht Burian, eine eigentümlich gestaltete Frucht mit Stacheln rundum, cremiggelb, scharf-süß, aber mit köstlichem Fleisch, ist sehr populär. Jedoch manche mögen sie nicht wegen ihres strengen Geruchs.

Yangon Myanmars Hauptstadt

Yangon, die Hauptstadt der Union von Myanmar, erstreckt sich auf einer Fläche von 350 Quadratkilometern und zählt 4,6 Millionen Einwohner. Yangon, das den Briten in die Hände gefallen war, erlebte während der Kolonialzeit seine Umgestaltung zum Sitz der zentralen Verwaltung; seither kann es als bedeutendes, außerordentliches Zentrum gelten.
Wenn man die Stadt seit der Kolonialepoche betrachtet, ist sie über hundert Jahre alt. Wenn man sie, entsprechend der frühen Geschichte, in die Zeit zurückdatiert, bevor die Shwedagon Pagode gebaut wurde und sie noch Dagon hieß, besteht sie mehr als zweitausendfünfhundert Jahre. Es wird vermutet, daß sie in dieser frühen Periode Okkalapa genannt wurde. Als König Alaunpaya sie 1755 erobert hatte, ersetzte er diesen Namen durch Yangon. Da die alten Könige stark an das Omen eines Namens glaubten, wählte er diese Bezeichnung, da sie „Ende des Haders" bedeutet.
Nachdem die Briten Myanmar annektiert hatten, wurde Yangon umgangssprachlich von den Engländern Rangoon benannt, obwohl die Ortsbevölkerung es nach wie vor als Yangon bezeichnete.
Einst war Yangon die sauberste und schönste Stadt in Südostasien. Da es dort immer grünt und angenehm kühl ist, sie mit üppigen tropischen Bäumen, schattigen Parks und wunderschönen Seen ausgestattet ist, hat Yangon sich in dieser Zeit den Beinamen „Gartenstadt des Ostens" erworben.
Es gibt zwei schöne Seen in Yangon: den Kandawgyi (den Königlichen See) und den Inya See. Das traditionelle Bootsfest Myanmars wird auf dem Kandawgyi See gefeiert. Dort gibt es auch die Karaweik Halle, ein schwimmendes Hausboot in Gestalt des mythischen Königsvogels. Mit dem Bug ist es ausgerichtet auf die berühmte und glorreiche Shwedagon Pagode. Darin befindet sich

ein Restaurant mit traditioneller Küche und Unterhaltung. Ordinations- und Heiratsempfänge werden dort gerne gefeiert. Eine der berühmtesten Attraktionen der Stadt ist das Nationalmuseum, das in der Nähe der Pyay Road liegt. Es gibt auch ein naturhistorisches Museum mit einer nennenswerten Sammlung der natürlichen Reichtümer des Landes, einschließlich Flora und Fauna, sowie von weither stammenden, Mineralien und Steinen aus Myanmar.
Der zoologische Garten, nahe dem königlichen Kandawgyi See gelegen, wurde 1906 eröffnet. Über siebzig Arten von pflanzenfressenden Wildtieren und neunzig verschiedene Vogelarten kann man im Hlawga Wildlife Park sehen.
Der Soldatenfriedhof der Alliierten (Allied Memorial Cemetary), etwa 32 Kilometer von Yangon entfernt, ist ein Anziehungspunkt für Kriegsveteranen. 27000 steinerne Gräber alliierter Soldaten, die auf den Schlachtfeldern Myanmars gefallen sind, befinden sich dort. Man hat sie gepflegt und schön als ihre letzte Ruhestätte angelegt. Die Commonwealth Kriegskommission kümmert sich darum.

Karaweikschiff

Pagoden, überall Pagoden

Unzählige Pagoden, über das ganze Land verstreut, kann man in Myanmar sehen. Jedes Dorf, jede Stadt, ob groß oder klein, ist reich mit Pagoden gesegnet. Die Menschen entschließen sich schnell zur Stiftung einer Pagode, zu ihrer Reparatur oder ihrem Unterhalt.
Pagode ist der übliche Ausdruck für Stupa und Tempel. Landesüblicherweise werden die Pagoden Phaya oder Zedi genannt. „Shwe" wird gewöhnlich dem Namen der Pagode vorangestellt, gelegentlich wird auch „Maha" gebraucht. „Shwe" heißt „Gold", „Maha" hingegen „groß". „Shwedagon" bedeutet z.B. „Goldene Pagode von Dagon", dem anderen Namen von Yangon, und „Mahazedi" heißt „Große Pagode".
Es ist eine typische Gewohnheit der Myanma seit alter Zeit, Pagoden als Schreine zum Gedenken an Buddha zu bauen. Die meisten der bekannten Pagoden stehen im Umfeld alter Hauptstädte oder an Plätzen, die von historischer Bedeutung sind. Pagoden und Tempel unterscheiden sich im Zweck leicht voneinander: Ein Tempel ist ein Höhlenbauwerk mit einem Innenraum, wo Buddhastatuen angemessen und geschmackvoll zur Verehrung durch die Gläubigen aufgestellt sind. Gelegentlich

wurden Tempel auch ausdrücklich zum Praktizieren der Meditation errichtet.
Ein Stupa ist entweder in der Art einer Kuppel gestaltet oder in Form eines spitzen Turmes. Ein Stupa kann Schreine oder Reliquien umschließen. Stupas bewahren oft heilige Reliquien Buddhas, insbesondere Haare, Zähne, Knochen oder Gegenstände, die er benutzt hat. Manchmal sind sie in den massiven Bau eines Stupa eingeschlossen, gelegentlich in der Gestalt einer glockenförmigen Kuppel. Nicht jeder Stupa beherbergt geheiligte Reliquien Buddhas, manchmal sind es auch nur Kopien davon. Man glaubt, daß sich die heiligen Original-Zahn-Reliquien in China und Ceylon (Sri Lanka) befinden.

Warum gibt es so viele Pagoden in Myanmar?

Jeder, der eine Pagode baut, verbindet damit Wunschvorstellungen. In den meisten Fällen richten sich diese nicht auf weltlichen Besitz und Wohlstand. Man erhofft sich stattdessen eine Mehrung der Verdienste, um im nächsten Leben in einer höheren Existenz wiedergeboren zu werden.
Da die Myanma streng an das Gesetz von Ursache und Wirkung, das Karma, glauben, wird nach ihrer Vorstellung durch jede Handlung etwas bewirkt. Das Konzept ist sehr einfach: Eine gute Tat strahlt gute Wirkung zurück.
In dieser Erwartung ließen der Erbauer oder die Erbauerin eines Stupa oder eines Tempels gewöhnlich auf die Steinplatten eine Widmung etwa folgenden Inhalts gravieren:
Name des Stifters.
Datum seiner oder ihrer Stiftung.
Wem ist die Stiftung gewidmet?
Aufzeichnung der Gegenstände, die der Stifter oder die Stifterin gespendet haben.
Den Wunsch, Nibbana zu erreichen, also das Freisein von allen weltlichen Leiden und nicht weiterhin im Kreislauf von Geburt und Tod gefangen zu sein. Dies erhoffte man sich in der nächsten Existenz nach dem Tod.
In Stupas und Tempeln finden sich auch Verwünschungen als steinerne Inschriften etwa der folgenden Art:
Wer immer diese Stiftung beeinträchtigt oder das religiöse Gebäude (Stupa oder Tempel) zu zerstören versucht, der soll verflucht sein und zur Hölle fahren.
Manche Könige und Königinnen der alten Dynastien bauten

ebenso wie auch Vertreter des Volkes prächtige Pagoden aus Rivalität. Die Könige der späteren Dynastien errichteten imposantere Pagoden als die früheren.
Es wird erzählt, daß die Leute während der Bagan-Dynastie so reich waren, daß selbst ihre „Fenster" hätten Pagoden bauen können. Sie bauten und stifteten Pagoden für ihre verstorbenen Eltern, Verwandte und Mönche, zu denen sie Zuflucht nahmen. Und die späteren Generationen blieben dabei, Pagoden zu bauen, mehr und mehr und immer wieder neue Pagoden.

Pagoden in Yangon

Shwedagon Pagode

Yangon ist besonders berühmt wegen seiner prächtigen, ruhmreichen und würdigen Goldenen Pagode. Überflüssig zu sagen, daß es die Shwedagon Pagode ist, die beinahe hundert Meter hoch aus dem freundlichen, grünen Stadtbild von Yangon aufragt. Die Shwedagon Pagode ist das prominenteste und charakteristischste Wahrzeichen Yangons.
64 kleine Schreine umgeben den Stupa der Shwedagon Pagode. Es gibt drei Terrassen, Pyitsayan in der Sprache Myanmars. Die mittlere Partie des Aufbaus wird Khaunglaung genannt, weil dieser Abschnitt mit einem Umfang von 344 Fuß und 8 Zoll (ca. 105 Meter) und einer Höhe von 70 Fuß und 4 Zoll (ca. 21,5 Meter) glockenförmig gestaltet ist. Der Baung-yit, welcher aussieht wie ein faltig verschlungener Turban, ist 41 Fuß (ca. 12,5 Meter) hoch und hat einen Umfang von 96 Fuß und 5 Zoll (ca. 29,5 Meter). Über dem Baung-yit befindet sich der Thabeik – das Wort bedeutet. „Opferschale des Mönchs" –, und der Thabeik gleicht in der Tat einer umgestülpten Almosenschale. Unmittelbar daran schließt sich der Kya-lan an, der wie eine ornamentale Lotusblüte aussieht. Er ist 31 Fuß und 5 Zoll hoch (ca. 9,5 Meter).
Der Hnget-pyaw-bu, ein Bananenknospenteil, schmückt die Pagodenspitze mit weiteren 52 Fuß und 11 Zoll (ca. 16 Meter) bei einem Umfang von 65 Fuß (ca. 20 Meter). Über den „Bananenknospen" befindet sich der Hti, ein goldener Schirm, ein krönendes Positiv über der gesamten Pagodengestalt, welches aus sieben schmiedeeisernen, übereinanderliegenden, goldbelegten Teilen mit eingearbeiteten Diamanten, Rubinen, Smaragden und anderen Edelsteinen besteht. Der Hti ist 33 Fuß hoch (knapp 11 Meter) und wiegt eineinviertel Tonnen. Als Spitze über dem Hti befindet sich eine Wetterfahne, ein als

Hti mit Wetterfahne

Flagge gestalteter Metallrahmen von 4 Fuß und 8 Zoll Länge (ca. 1,5 Meter) und etwa zweieinhalb Fuß Breite. Diese Windfahne ist mit 1090 Diamanten und 1338 anderen kostbaren Steinen geschmückt. Der Fahnenschaft aus Silber dreht sich mit dem Wehen des Windes. In der lokalen Sprache wird die Wetterfahne Hngetmyatna genannt.

Der höchste Teil des Stupa ist der Seinbu oder die Diamantkugel oben auf der Wetterfahne. 1065 goldene und 420 silberne Glöckchen hängen daran und lassen ihre liebliche, angenehme Musik erklingen, wenn der Wind weht. Auch wenn der Seinbu, die Spitze des Stupa, der kleinste Teil ist, ist es der am reichsten mit Edelsteinen ausgestattete. Auf dem Seinbu sitzt eine goldene Kugel von 10 Zoll (etwa 25 Zentimeter) Durchmesser, in die 350 Diamanten und 93 andere wertvolle Steine eingelegt sind.

Die Shwedagon Pagode gewann wesentlich an Bedeutung als Stätte religiöser Verehrung während der Zeit des Mon-Königreiches im 14. und 15. Jahrhundert. Von 1455 bis 1462 wurde die von Königin Shinsawbu gebaute Terrasse mit einer großen Ballustrade und verschiedenen Umfassungsmauern versehen. Ebenfalls wurde der Pagode ein großes Areal von angrenzenden Grundstücken geschenkt.

Bannyagyan, der Bruder von Königin Shinsawbu, erhöhte die Shwedagon Pagode auf 302 Fuß (ca. 92 Meter).

Dhammaceti Glocke

König Dhammaceti, Schwiegersohn und Nachfolger von Shinsawbu, stiftete der Pagode eine große Glocke aus Bronze, die 289 Tonnen wog. Sie befindet sich nicht mehr auf der Plattform, da de Brito sie um 1608 mit der Absicht, das Metall in Kanonen umzugießen, entfernte. Er schaffte sie nach Thanlyin, wo er regierte. Pech für ihn, aber Glück für ihre eigentlichen Eigentümer, die Myanma: Das Boot mit der Glocke sank im Dawbon Fluß. Die Regierung von Myanmar plant, auf den historischen Bericht vertrauend, jetzt ihre Bergung vom Grund des Flusses.

Muß die Dhammaceti Glocke auch bislang noch als verloren gelten, so hängen und läuten zwei andere Riesenglocken noch immer an ihrem Platz auf der Shwedagon: Die Mahaganta und die Maha Tisadda Ganta.

Mahaganta (lauttönende) Glocke oder Singu Min Glocke

König Singu, der Sohn von Shinbyushin, vergoldete die Shwedagon 1788 und stiftete ihr eine Glocke aus Bronze mit einem

Gewicht von ungefähr 16 Tonnen. Nach dem ersten anglo-myanmarischen Krieg versuchten die Briten, diese Glocke als Kriegstrophäe wegzuschaffen, aber sie sank auf den Grund des Yangon Flusses. Später wurde sie von den Myanma geborgen, indem diese ihre übliche Technik anwandten. Sie befestigten so viele dicke Bambusstämme an der Glocke, bis diese sie an die Oberfläche hoben. Dann wurde sie an ihren ursprünglichen Platz zurückgebracht, und dort ist sie immer noch in der Nordwestecke der Pagode zu sehen.

Maha Tisadda Ganta (Dreiton) oder Tharawaddy Glocke.

König Tharrawaddy, der Stifter, Erneuerer und Vergoldeter der Shwedagon, gründete 1841 einen Stadtteil auf der Westseite der Pagode, aus dem gleichen Anlaß, der Königin Shinsawbu motiviert hatte. Er schenkte der Pagode eine Glocke mit einem Gewicht von 40 Tonnen, die man in der Nordost-Ecke der Shwedagon finden kann.

Die Shwedagon Pagode hat dem Zahn der Zeit und den Unbilden des Wetters widerstanden. Erdbeben haben sie in ihrer Geschichte oft in Mitleidenschaft gezogen: 1564, 1628, 1649, 1769, 1888 und 1919, ein verheerendes Feuer schließlich 1931.

Sule Pagode

In dem von Menschen wimmelnden Yangon ist in zentraler Lage, außer der Shwedagon Pagode, ein weiteres Wahrzeichen zu sehen, die Sule Pagode. Man glaubt, daß sie vor über zweitausend Jahren gebaut worden ist. Die Architektur der Sule ist eigenartig. Anders als die Shwedagon ragt die Sule als oktogonal gestaltete, glitzernde, spitze Turmhaube aus dem Geschäftsviertel der Stadt Yangon.

Die Forschung ist immer noch dabei, gesicherte wissenschaftliche Daten über sie zu erarbeiten. Einige vermuten, daß die Geschichte der beiden Pagoden, der Shwedagon und der Sule, folgendermaßen miteinander verbunden ist: Das Wort „Sule" ist ein Befehl des Königs Okkalapa, der seine Minister, Generäle und Offiziere an der Stelle zusammenrief, wo die Sule Pagode gebaut wurde. In der Konferenz mit ihnen erörterte er die Frage, wo die Shwedagon errichtet werden sollte, um darin heilige Reliquien zu verwahren.

In einem Schrein auf der Plattform der Sule Pagode steht ein alt aussehender Mann, der einen seiner Finger vorstreckt. Man glaubt, es sei der Boeboegyi der Sule, der Wächtergeist. Die Leute opfern ihm Blumen, Kokosnüsse, Bananen, Räucherstäbchen und Geld, da sie glauben, er bringe ihnen die Erfüllung ihrer Wünsche in bezug auf Geschäfte, Examen, Glück und Wohlergehen ihrer Familien.

Botahtaung Pagode

Die Botahtaung Pagode liegt in der Nähe des Ufers des Yangon oder Hlaing Flusses. Die Geschichte verbindet auch sie mit der Sule, und zwar folgendermaßen:
Als die heiligen Haar-Reliquien des Buddha über den Fluß geschafft wurden, bereitete König Okkalapa zusammen mit tausend seiner Offiziere ihnen ein freundliches Willkommen. Als ein glückverheißendes Wahrzeichen bauten der König und das Volk die Botahtaung Pagode. „Bo" bedeutet „Offizier", insbesondere „Hauptmann", und „Tahtaung" in der Sprache Myanmars „eintausend". Man glaubt, daß zwei Haare von Buddha in der Pagode verwahrt werden.
Das Innere der Pagode besteht aus mit Glasmosaiken verkleideten Winkeln. Die Gaben früherer Zeit werden in verschlossenen Vitrinen gezeigt, wie die Exponate in einem Museum. Die winkligen Gänge scheinen zum Zweck der Meditation gebaut worden zu sein.
Am 8. November 1943 wurde die ursprüngliche Pagode durch eine Bombe der Alliierten völlig zerstört. Die jetzige ist eine Rekonstruktion. A. d. Ü.

Kaba Aye Pagode Mahapasana Höhle

Diese Pagode ist dem Frieden der Welt gewidmet, so wie es ihr Name ausdrückt, der Weltfriedenspagode bedeutet. Sie wurde 1952 im Auftrag von U Nu erbaut, einem früheren Premierminister Myanmars.
Wie König Mindon aus der Konbaung-Dynastie die fünfte buddhistische Synode nach Mandalay einberufen hatte, so lud U Nu die sechste 1954 nach Yangon, und ließ dafür die Mahapasana Höhle erbauen. Es handelt sich nicht um eine natürliche Höhle, sondern eine geschaffene, in der sich eine weiträumige und gut belichtete Halle befindet. Vorbild war die Sattapanni Grotte in Indien, wo wenige Jahre nach Buddhas Tod das erste Konzil stattgefunden hatte. Die Mahapasana liegt in der Nachbarschaft der Pagode. Die jährlichen buddhistischen Mönchstreffen, buddhistische Konferenzen und Examina finden darin statt.

Chaukhatatgyi Liegender Buddha

Dieses neunzig Jahre alte, siebzig Meter lange Kolossal-Standbild des liegenden Buddha ist eines der größten in Myanmar. Das Original soll ein riesiges Sitz-Standbild gewesen sein. Da es zerstört worden ist – es gab keinen Schutz gegen die Klimaeinflüsse –, erneuerte das Volk es 1966 und gab ihm dabei seine jetzige Gestalt.

Mahavizaya Pagode

Die Pagode ist zwar nicht alt, aber sie ist Symbol der Erinnerung an die erste erfolgreiche Versammlung der buddhistischen Mönche aller Orden im Jahre 1980. Sie wurde von U Ne Win erbaut, der damals beides war, Präsident von Myanmar und Vorsitzender der Burma Socialist Program Party. Die Pagode gilt als gelungene Kombination traditioneller Muster mit modernen Stilelementen.

In Yangon gibt es noch andere, kleinere Pagoden unterschiedlicher Stilarten. Die Mailamu Pagode, die Kyaikkasan Pagode, Shwephonebwiet, Koe Htatgyi, Naga Htatgyi, die Naga Hlainggu Pagode, Alain Naga Sint, die Moegaung Pagode, Kyaikkalo und Kyaikkale. Dies ist keine vollständige Aufzählung. Es finden sich noch eine Menge mehr.

Pagoden in Bago

Bago ist nur 80 Kilometer von Yangon entfernt. Im 15. Jahrhundert war es die Hauptstadt des Mon Königreiches. Dort gibt es die Shwemawdaw, die Shwethalyaung, ein anderes Standbild des liegenden Buddha, nicht so groß wie das Chaukhtatgyi in Yangon, aber tausend Jahre alt, mit einem freundlich lächelnden Antlitz.

Mahazedi, ein zur Hälfte weißer, zur Hälfte vergoldeter Stupa wurde von König Bayinnaung errichtet. Er steht in der Nähe des Shwethalyaung.

Die Hinthagone Pagode liegt auf einem Hügel. Man glaubt, daß sie der Anfang der Stadtgründung von Bago war, das einst Hanthawaddy hieß, ein Name, der auf die beiden Hinthas, die mythischen Vögel zurückgeht, die in der Gründungslegende der Stadt eine wesentliche Rolle spielen.

Von ihrer Spitze hat man eine glänzende Sicht auf Bago. Es ist auch ein guter Standort, um die Kuppel der Shwemawdaw zu fotografieren.

Auf der Rückfahrt lohnt sich ein Abstecher zur Kyaikpun Pagode mit ihren vier riesigen Sitzstandbildern Buddhas. Einzigartig im

Stil ist die Nagayon Pagode, eine sitzende, von der Haube eines Drachens geschützte Buddhafigur, die man auf dem Rückweg nach Yangon in Htaukkyant findet.

Pagoden in Bagan (Pagan)

Unsere Vorfahren waren der Meinung, in Bagan gäbe es mehr als vier Millionen Pagoden. Es ist natürlich unsinnig und eine gewaltige Übertreibung, sich das auf einer Fläche von 42 Quadratkilometern vorzustellen. Tatsächlich und entsprechend den Aufzeichnungen der Archäologischen Verwaltung gibt es 2217 Stupas und Tempel. Fast alle wurden vom 11. bis 13. Jahrhundert erbaut. Es wurden keine Überreste von Wohnhäusern gefunden. Man vermutet, daß während der Bagan-Dynastie die Königspaläste und die Häuser der Bevölkerung keine Backsteinbauten waren. Es scheint, daß die Menschen damals in Holz- oder Bambushäusern gelebt haben.
Nur Stupas und Tempel wurden aus Backsteinen gebaut, weil man in ihnen die eigentlich „adligen" Bauwerke sah. Die großen wurden von Königen errichtet, die mittleren von Offizieren und Vornehmen (Generälen und Ministern), während die kleinen von Vertretern des wohlhabenden Teils der Bevölkerung stammen. Die Tradition, Stupas und Tempel zu bauen, endete nicht mit dem Niedergang der Bagan-Dynastie. Stupas und Tempel unterschiedlicher Größe und Stilformen kann man überall in und um Bagan entdecken.

Berühmte Stupas in Bagan

Einige Stupas von Srikshestra, der alten Pyu-Hauptstadt in Pyay hatten großen Einfluß auf solche in Bagan: Der Payagyi, der Payama und der Bawbawgyi Stupa können als Prototypen der Bagan Stupas gelten.

Shwezigon Stupa

Der Shwezigon Stupa wurde 1084 von König Anawrahta gebaut, jedoch starb er vor seiner Fertigstellung. Sein Nachfolger, König Kyansittha, vollendete das Bauwerk im Jahre 1113. Es ist der prachtvollste Stupa von Bagan. Er vermittelt einen guten Eindruck von der Stärke und Macht der Bagan-Dynastie zu dieser Zeit. Die Menschen glauben, daß Zahnreliquien von Buddha darin verschlossen sind.

Bupaya Stupa

Am Ufer des Ayeyardwady stehend, ist dieser Stupa eng mit dem Leben des Flusses verbunden. Er ist Orientierungsmarke für die

Orientierung für Flößer und Schiffer

Flößer und Schiffer, die den Ayeyardwady befahren. Vermutlich ist er im 11. Jahrhundert erbaut worden.
Wahrscheinlich ist der Bupaya noch älter. Aung Thaw nimmt in „Historical Sites in Burma" (Yangon 1978) eine Bauzeit vor Anawrahta an; Paul Strachan schätzt ihn in „Pagan. Art and Architecture of old Burma" (Oxford 1996) zeitgleich mit der Stadtmauer von Alt-Bagan, für die er ca. 850 ansetzt. A.d.Ü.
An der Nordecke dieses Stupa gibt es einen kleinen, dem Mondine Nat, der Gottheit des Sturmes, geweihten Schrein. Die Reisenden auf den Ayeyarwady Schiffen erweisen ihm ihre Ehrerbietung. Am 8. Juli 1975 zerbrach der Stupa infolge eines heftigen Erdbebens, die Trümmer stürzten in den Fluß.
Inzwischen wurde der Buhpaya mit Hilfe der Spenden seiner Verehrer wieder aufgebaut. A.d.Ü.

Shwesandaw Stupa

Da „Shwe" bekanntlich „Gold" bedeutet und „Sandaw" die Bezeichnung für „Haareliquie Buddhas" ist, kann man den Sinn des Namens leicht erschließen. Mit seinen fünf Terrassen und den Treppenaufgängen in den vier Himmelsrichtungen kann dieser Stupe als einzigartig gelten. König Anawrahta erbaute ihn 1057 nach der Eroberung der Mon-Hauptstadt Suwunnabombi. Man kann auf die fünf Terrassen steigen und von dort den Panoramablick auf ganz Bagan genießen.

Mingalazedi Stupa

Die Mingalazedi ist eine „glückverheißende Pagode", denn „Mingala" bedeutet „Glücksverheißung" und „Zedi" ganz einfach „Pagode". Es ist der Stupa König Narathihapatays, 1268 von ihm erbaut. Während der Bauzeit erging die Weissagung, daß die Dynastie nach Vollendung dieses Stupa zu Fall käme. Der König glaubte der Prophezeiung und stoppte den Bau sechs Jahre lang. Da er aber den Skandal fürchtete, vollendete er unter Anleitung des ehrwürdigen Mönchs Panthagu die Pagode schließlich.

Berühmte Tempel in Bagan

Ananda Tempel

Der Ananda Tempel, das Meisterwerk König Kyansitthas, wurde 1091 erbaut. Der Grundriß ist ein Griechisches Kreuz. Die Haupthalle mißt 200 Fuß (ca. 61 Meter). Es gibt vier Eingangshallen mit dem gleichen Ausmaß. Die Wände sind mit glasierten Kacheln dekoriert, die Jatakas, Geschichten aus Buddhas Leben, darstellen. Alte Mon-Inschriften befinden sich darunter. Der Tempelbau läßt Verbindung mit der alten Mon-Architektur erkennen. Er ist 168 Fuß (ca. 51 Meter) hoch, und im Innern des Haupttempels stehen 31 Fuß (ca. 9,5 Meter) hohe Standbilder aus Holz, jeweils dem Eingang zugewandt, gleichsam wie um die Pilger aus allen Teilen des Landes willkommen zu heißen. Nur die beiden Figuren im Süden und im Norden sind noch die ursprünglichen Originale, die beiden anderen verbrannten, konnten aber dank der Spenden späterer Generationen ersetzt werden.

Thatbyinnyu Tempel

König Alaungsithu baute den Thatbyinnyu Tempel 1144. Mit 201 Fuß (ca. 61 Meter) ist er der höchste von ganz Bagan.

Gawdapalin Tempel

Von äußerer Gestalt ist der Gawdapalin Tempel dem Thatbyinnyu sehr ähnlich. Er ist 180 Fuß (ca. 55 Meter) hoch und wurde von König Narapatisithu während der Zeit von 1174 bis 1211 errichtet.

Dhammayangyi Tempel

Alle Könige der Bagan-Dynastie bauten Stupas und Tempel. Die späteren Könige bauten sie prachtvoller und größer als ihre Vorgänger. Dhammayangyi, der mächtigste Tempel, wurde von König Narathu in der Mitte des 12. Jahrhunderts geschaffen. Sein Stil ist eine Mischung von Mon- mit Myanmar-Architektur. Der Dhammayangyi ist das hervorragendste Backsteinbauwerk früherer Zeit. Es scheint, daß er nach dem ehrwürdigen Mönch Dhammaranthi benannt worden ist, der in der Nähe seiner Rückseite wohnte.

Tempel mit Wandmalereien
Ananda Okkyaung
Backsteinkloster

Nahe dem Nordeingang des Ananda Tempels steht ein kleines Backsteingebäude mit schönen Wandmalereien des 11. Jahrhunderts. Sie befinden sich auf den inneren Wand- und Deckenflächen. Das Kloster geht auf König Kyansittha zurück, der auch den Ananda Tempel bauen ließ.

Kyansittha Umin Tempel

Der Kyansittha Umin Tempel liegt in der Nähe des Shwezigon Stupa; sein Erbauer ist König Anawrahta. Die Wandmalereien des Inneren stammen aus der Zeit vom 11. bis zum 13. Jahrhundert. Die Eroberung Bagans durch die Mongolen im Jahre 1287 ist in den Gemälden dokumentiert.

Gubyaukgyi Tempel in Wetkyi-in

Es gibt zwei Tempel mit dem Namen „Gubyaukgyi". Der eine liegt in dem Dorf Witkyi-in, der andere in Myinkaba, nicht weit von dem Myazedi Stupa entfernt. Es wird vermutet, daß der Wetkyi-in Gubyaukgyi im frühen 13. Jahrhundert erbaut worden ist. Die Wandmalereien dieses Tempels erzählen Geschichten aus Buddhas Leben. Darunter kann man Inschriften in Pali und Alt-Myanmarisch erkennen.

Gubyaugyi Tempel in Myinkaba

Rajakuma, der Sohn König Kyansitthas, baute diesen Tempel 1113 und widmete ihn seinem sterbenden Vater. Die Geschichte wurde auf die vier Seiten eines quadratischen Steines in vier alten Sprachen eingemeißelt: Pyu, Mon, Pali und Myanmar. Das hat sich als außerordentlich bedeutsam für die Archäologie erwiesen. *Man bezeichnet den Myazedi-Stein, der vor dem Tempeleingang steht, deshalb auch als „Rosette-Stein von Myanmar". A.d.Ü.*
Der Tempel weist viele Einflüsse der Mon-Kultur auf. Die inneren Wände tragen Malereien, die zu den ältesten in Bagan zählen. In der Haupthalle sind Szenen aus den Jatakas dargestellt. Darunter befindet sich jeweils eine Legende in der Sprache der Mon.

Königliche Städte und Inle See

Hier endet der Beitrag, den Lay Maung in englischer Sprache für „Myanmar – Land der goldenen Pagoden" geschrieben und den Alfred Diwersy übersetzt hat.
Die Bilderreise führt weiter zu den königlichen Städten Sagaing, Amarapura und Mandalay, die im Herzen Myanmars liegen, an einer Biegung des mächtigen Ayeyarwaddy, nur wenige Kilometer voneinander entfernt.
Sagaing war nur kurze Zeit Hauptstadt (1315–1364), aber es ist eines der wichtigsten religiösen Zentren des Landes. 1782 von Bodawpaya gegründet, hatte Amarapura, die „Stadt der Unsterblichen", zweimal diese Ehre.
König Mindon machte Mandalay zur Stadt seiner Residenz, deren Grundstein er 1857 gelegt hatte. Mit ihm mußten hunderttausend Bewohner umziehen. Von hier ging sein Nachfolger, Thibaw, 1885 ins indische Exil.
Der Bilderbogen endet im Lande der Shan. Am Inle See, dem zweitgrößten des Landes, lebt das Fischervolk der Inthas, und nicht weit davon entfernt liegt in den Bergen das Grottenheiligtum der achttausend Buddhas.

Alle Länder, deren Geschichte mehrere Jahrhunderte zurückreicht, verfügen über Städte oder Ruinen, die zuzeiten Hauptstadt waren. In Burma aber sind die einstigen Hauptstädte ungewöhnlich zahlreich. Zum Teil wird dies den Konflikten zugeschrieben, die dazu führten, daß mal das eine, mal das andere der führenden Völker die Oberhoheit gewann.

Die Burmesen, die Mon und die Shan stritten zweitausend Jahre um die Vorherrschaft, und die Geschichte von Burma ist die Aufzählung ihrer Konflikte...

Thaton und Pegu stehen für das Volk der Mon; Prome, Pagan, Mandalay, Amarapura für die Reiche burmesischer Herkunft; Sagaing und Ava in ihren Anfängen für die Shan; Tagaung reicht bis zum frühen Beginn der burmesischen Zivilisation unter dem Einfluß Nordindiens zurück; seine Zerstörung erfolgte, wie die von Pagan, durch eine Invasion aus China.

Aber die Verlegung der Hauptstädte Burmas wurde nicht nur dadurch bewirkt. Instinktive Kräfte... trugen auch dazu bei. Die Mongolen gaben... im Lauf der Zeit das Ruhelose ihres Geistes auf... Der Buddhismus pflanzte ihnen die Verachtung der rein materiellen Dinge ein; und es ist simple Wahrheit, daß sich nahezu jeder Mann und jede Frau in Burma bis heute mehr darum mühen, geistliche Verdienste zu erwerben als nützliche Güter dieser Welt.

So kam es, daß die Nation gerade auf dem Höhepunkt der Macht und des Ruhms und unter ihren größten Königen Dauer nur in ihren Sakralbauten gefunden hat. Zusammen mit den zahllosen Pagoden Burmas verkünden allein die Mauern der alten Städte das Andenken der Vergangenheit.

Die letzten Könige der Alompra (Nachfolger von Alaungaya, der die Konbaung-Dynastie begründete. A.d.Ü.) lebten wie ihre Vorgänger seit 2000 Jahren in vergänglichen, wenn auch prächtigen Palästen aus Holz; und sie verwandten den bedeutendsten Teil ihres Wohlstands... darauf, dauerhafte Bauwerke aus Stein und Klinkern nur zum Zweck religiöser Andacht zu errichten. So war es möglich, daß Herrscher auf Herrscher nach Wunsch die Hauptstadt verlegen konnte, im Widerstreit nur mit dem Volk, wenn es sich dem widersetzte.

V.C. Scott O'Connor
Mandalay and other Cities of the Past in Burma
(1907)

Dhamma und Nats

Buddhismus und Geisterglaube in Myanmar

Vielleicht ist der Buddhismus das am wenigstens düstere
all jener Religionsbekenntnisse, die den Glauben
an eine Unsterblichkeit der Seele einschließen.
Es gibt keine Ewigkeit der Hölle,
keine Verdammnis ohne Hoffnung,
selbst für den schlimmsten Verbrecher.
Die Seele mag zu einer niedrigeren Existenz
im nächsten Leben verurteilt sein,
oder auch zu einer befristeten Hölle;
aber ihre Existenz ist praktisch ewig,
bis nach vielen Leben in Reinheit und Kontemplation
der Geist in die glückliche Ruhe des Nirvana sinkt.

J. T. Wheeler, Journal of a Voyage up the Irrawaddy (1871)

Frömmigkeit des Volkes

Wer Myanmar zum ersten Mal besucht, wird nicht wenig erstaunt sein über die vielen Pagoden, die er sieht. Einige stehen auf Hügeln, andere am Ufer der Flüsse, wieder andere an herausragender Stelle in Dörfern und Städten. All diese Pagoden, von dem kleinsten Dorftempel bis zur mächtigen Shwedagon, geben Zeugnis von der Frömmigkeit und der Opferbereitschaft des Volkes und bekunden, wie tief der buddhistische Glaube in den Herzen der Menschen verwurzelt ist. Viele von ihnen spenden nicht wenig von dem, was sie durch harte Arbeit erwerben, für den Unterhalt der Stupas und Tempel, die sich durchweg in einem guten Zustand befinden.

Groß ist auch die Zahl der frommen Buddhisten, die an den Festen des Jahres zu den bedeutenden Pagoden pilgern und viel dafür aufwenden. Dies und kleine Akte der Barmherzigkeit, wie die Speisung der Mönche und das Auftragen von Blattgold auf Buddhabildnisse, bringen ihnen als Ernte Verdienste (Kusala) in diesem Leben und damit die Chance eine höheren Existenz in der Zukunft.

Klöster in Myanmar

Die Klöster in Myanmar sind traditionellerweise Zentren der Erziehung und Brennpunkte des dörflichen oder städtischen Lebens. Die Mönche werden respektiert als Lehrer, Berater und Helfer der Gemeinschaft. Sie genießen hohe Anerkennung, ja sie nehmen die höchste Position in der Hierarchie der birmanischen Gesellschaft ein.

Nonnen werden nicht wie die Mönche „ordiniert", und nur relativ wenig Frauen entschließen sich zu einem religiösen Leben im Kloster. Ihre Wertschätzung liegt weit unter der der Mönche, die bereitwillig beköstigt werden, während die Nonnen um Geld oder Lebensmittel für ihren Unterhalt „betteln" müssen.

Frühmorgens ziehen die Mönche, ihre bauchige Opferschale mit beiden Händen haltend, von Haus zu Haus, schweigend, ohne ein Wort des Grußes oder Dankes. Der Spendende ist es, der zu danken hat, geben sie ihm doch Gelegenheit, sich „Verdienste" zu erwerben. Dann kehren sie ins Kloster zurück, teilen, was sie erhalten haben, und verzehren es um elf Uhr gemeinsam. Es ist ihre einzige Mahlzeit am Tage.

Der Buddhismus ist eine Religion, die in Myanmar das ganze Leben durchdringt. Er spendet Trost in Zeiten der Sorge, fördert die Inspiration, wenn Trübsinn bedrückt, und mahnt zur Zufriedenheit im Glück. Er vermittelt Sicherheit und Wohlbefinden in der Gegenwart und verheißt deren Steigerung in der Zukunft, in allen zukünftigen Leben, bis zum Nirvana hin, der letzten Glückseligkeit. So Buddhas Lehre.

Prinz Siddharta

Als Prinz Siddharta Gautama wurde er um das Jahr 563 v. Chr. im heutigen Nepal geboren. Der Vater versuchte, ihn von den Unbilden des Lebens fernzuhalten, da ein Astrologe prophezeit hatte, dem Prinzen stünde ein „ungewöhnliches" Leben bevor. Siddharta heiratete eine Prinzessin, bekam einen Sohn, kurz, er führte ein ganz normales Leben als Sohn eines Königs.

Eine entscheidende Wende trat ein, als er bei Ausritten einen hinfälligen Greis, einen Kranken und einen Toten erblickte. Da erkannte er, daß das Dasein aus Unheil und Leid besteht. Er verließ Gattin und Sohn, entsagte dem höfischen Wohlstand und führte sechs Jahre lang ein Leben der Einsamkeit als Asket. Unter einem Bodhibaum erlangte er „Erleuchtung", Einsicht in das Wesen des Daseins und die Erkenntnis des Weges zu seiner Überwindung.

Fortan verkündete er die vier Grundwahrheiten:

Das menschliche Leben ist dem Leiden unterworfen.

Dessen Ursache ist die Begierde nach persönlicher Lust.

Das Leid hört erst auf mit der Überwindung der Begierde.

Man erreicht das, wenn man den Weg der Mäßigung geht.

Dieser „mittlere Weg" verlangt das Streben nach ethischer Lebensführung (Moral), geistiger Disziplin (Meditation) und nach Wissen (Weisheit).

Bekämpfen muß man die drei Hauptlaster, die Sucht oder Gier, den Haß oder Zorn und die Selbsttäuschung oder Unwissenheit.

Buddhas Tod

Als „Erleuchteter", d.h. als Buddha, gewann Gautama schnell Anhänger in stattlicher Zahl. Daraus entstand die Gemeinde der Mönche (Sangha). Buddha starb 483 v. Chr. im Alter von achtzig Jahren. Seine Lehre (Dhamma) lebte als mündliche Überlieferung fort, bis sie vier Jahrhunderte nach Buddhas Tod aufgeschrieben wurde. Zur Aufbewahrung der Palmblätter mit dem Pali-Text dienten drei Körbe. Daher bekam der Kanon der buddhistischen Lehre den Namen Tripitaka oder Tipitaka, was Dreikorb heißt.

Das Tipitaka besteht aus drei Teilen: Dem Sutta-pitaka oder den Reden Buddhas, dem Inaya-pitaka oder den Regeln der Mönchsgemeinde und dem Abhidhamma-pitaka, der Analyse des Dhamma, der Lehre Buddhas.

Lehre von der Gleichheit

Die einflußreichste von Buddhas Lehren ist die von der Gleichheit aller. Sie gründet auf dem Aspekt der Wiedergeburt, deren Zyklen alle Kreatur unterworfen ist.

Es ist das erstrebenswerte Ziel des Buddhisten, eine Besserung des eigenen Ichs durch Meditation, Weisheit und gute Werke zu erlangen. Die guten Werke sind dabei Mittel zum Erwerb spiritueller Verdienste. Die Zukunft des Menschen hängt also von dem ab, was er aus der Gegenwart macht.

Die fünf Gebote des Buddhismus für Laien lauten: Nicht töten, nicht stehlen, nicht ehebrechen, nicht lügen, Rauschmittel meiden. Gleichmut, Wohltätigkeit, Mitgefühl und Freude gelten als die vier Kardinaltugenden.

Durch König Ashoka wurde der Buddhismus im 3. Jahrhundert v. Chr. in ganz Indien verbreitet. Beim zweiten buddhistischen Konzil im Jahre 383 v. Chr. teilte sich die Lehre in die „Alte Weisheitsschule" oder den „Theravada", was „alt, angesehen" bedeutet, und die „Neue Weisheitsschule". Das „Große Fahrzeug", die Mahayana-Richtung, folgt der Lehre der Neuen Weisheitsschule, während das „Kleine Fahrzeug" oder „Hinyana", die „südliche" Form des Buddhismus, stärker mit der Alten Weisheitsschule verbunden ist, die an der ursprünglichen Lehre festhielt und sich gegen Neuerungen wandte.

Theravada-Buddhismus

Allgemein verbreitet ist die Auffassung, der Theravada-Buddhismus sei schon im 4. oder 5. Jahrhundert nach Myanmar gekommen. Sie stützt sich darauf, daß in der Nähe von Srikshetra in Pali verfaßte buddhistische Textfragmente gefunden worden sind, die man ins 5. Jahrhundert n. Chr. datiert. Sie gelten als ältestes Zeugnis der Verbreitung des Theravada-Buddhismus in dieser Region.

Durchgesetzt hat er sich aber erst im 11. Jahrhundert. Ebenso wie eine Reihe anderer Kulte, einschließlich des Mahayana- und Tantra-Buddhismus wie auch des Vishnuismus, haben Händler, Abenteurer und Einwanderer aus Indien den Theravada-Buddhismus ins Gebiet des heutigen Myanmar gebracht.

Einer der wesentlichsten Kulte jener Zeit, in der der Theravada-Buddhismus in Myanmar Wurzeln faßte, war eine spezielle Art des Vajrana-Buddhismus, die sehr stark mit animistischen Vorstellungen durchsetzt war und von den „Aris" gepredigt wurde, die als „korrupte Mönche" galten.

Mit Hilfe Shin Arahans

Diesen Kult merzte König Anawrahta von Bagan aus, als er 1044 den Thron bestiegen hatte. Mit Hilfe des Mönches Shin Arahan aus Thaton in Nieder-Burma etablierte er an seiner Stelle die Theravada-Richtung.

In Thaton war zu jener Zeit auch der Mahayana-Buddhismus verbreitet. Im Bestreben, seinen Einflußbereich auszuweiten, schickte Anawrahta Missionare nach dort. Da man sich aber der neuen Lehre nicht anschließen wollte, zog Anawrahta in das Reich der Mon, belagerte die Hauptstadt, nahm nach siegreicher Beendigung des Feldzugs König, Hofstaat und Mönche mit nach Bagan und setzte so den Theravada-Buddhismus im ganzen Lande durch.

Als Beute kamen damals auch die buddhistischen Schriften, das Original des Pali-Kanons aus Sri Lanka und die Jatakas, die Geschichten der früheren Leben Buddhas, nach Bagan.

Anawrahta tolerierte die Nat-Verehrung in den Pagoden in dem Bestreben, den Buddhismus mit dem vorbuddhistischen Animismus zu verschmelzen. Diese Tradition, die Verbindung des Buddhismus mit dem Geisterglauben, lebt bis heute fort. Die Buddhisten Myanmars sind sehr gewissenhaft im Zelebrieren der Nat-Kulte und in der Besänftigung der Geister in den Schreinen bei den Pagoden.

Nachkommen tibeto-birmanischer Stämme

Die Myanma gelten als Nachkommen tibeto-birmanischer Stämme, die einst das Plateau Zentralasiens bewohnten. Bei ihrer Wanderung nach Süden mußten sie ragende Gebirgszüge übersteigen, trockene Wüsten queren und dichte Wälder durchdringen. Das machte sie zu zähen und harten Kriegern. Als sie das Tal des Ayeyarwaddy erreichten, entdeckten sie ein gastfreundliches Land mit gemäßigtem Klima und fruchtbaren Böden, das sie in Besitz nahmen und dort siedelten.

Unter dem Einfluß des Theravada-Buddhismus begannen sie, ein friedliches Leben zu führen. Sie bemühten sich, so gut es ging, die dreifachen fundamentalen Pflichten zu erfüllen: Barmherzigkeit (Dana), moralisches Leben (Sila) sowie geistige Disziplin und

Meditation (Bhavana). Wenn sie auch nicht immer den Sila- und Bhavana-Pflichten ganz korrekt nachkamen, so bemühten sie sich doch eifrig um die Dana-Erfüllung, so sehr, daß ihre Großzügigkeit legendär geworden ist. In dieser Beziehung sind sie Enthusiasten ihrer Religion. Den Königen gleich bauten und bauen sie Pagoden allüberall im Land.

Dreifaches Juwel

Heutige Buddhisten anerkennen, außer Buddha selbst, seine Lehre (Dhamma) und die Gemeinschaft der Mönche (Sangha). Sie beachten die „fünf Gebote", das heißt, sie nehmen Abstand vom Töten, vom Stehlen, von sexuellem Mißverhalten, vom Lügen und dem Genuß von Drogen oder berauschenden Getränken.
Ihre erste tägliche Pflicht ist die dreimalige Rezitation des „Dreifachen Juwels" (Buddha, Dhamma, Sangha), des Triratana-Bekenntnisses in Pali.
Ihre höchste Sorge gilt, neben dem Einhalten der fünf Gebote, der Erfüllung der vorgeschriebenen Opfer, der Darbietung von „Hsoons" (gewöhnlich gekochter Reis und Früchte), Wasser, Blumen und Weihrauch vor den Buddhabildnissen. Danach bekundet der Andächtige, daß er seine verdienstvollen Taten mit allen Lebewesen der Erde, des Himmels und der Unterwelt teilt. Er erfüllt diese Pflicht in Frömmigkeit und aus Dankbarkeit für Buddhas Lehre.

Weg besseren Lebens

Der Theravada-Buddhist sieht in Buddha nicht Gott, sondern den Weisen, Erleuchteten, der ihm den Weg weist, ein besseres Leben zu erlangen und sich vom Leiden zu befreien, das eine Folge des Geborenwerdens ist.
Die unzähligen Statuen Buddhas, die man in Myanmar bei jedem Schritt antrifft, sollen an die Allgegenwart des Dhamma, seiner Lehre, erinnern. Man betet sie nicht an, man verehrt sie nur als Symbole des ewigen Gesetzes von Geburt, Tod und Wiedergeburt, fegt symbolisch vor ihnen als Zeichen der Achtung vor Seiner (Buddhas) Heiligkeit und opfert ihnen als Dank für die überlassene Lehre Blumen und Kerzen.
„Buddha anbeten", das bedeutet in erster Linie, sich anstrengen, die Regeln zu befolgen, die der Weise aufgestellt hat in jener Zeit, als er sich gegen den damals herrschenden Brahmanismus mit seinem Kastengeist wandte.

Daneben versäumt der gläubige Birmane es natürlich nicht, den Nats, deren Andachtsstätten sich gewöhnlich im Bereich der buddhistischen befinden, seine Aufwartung zu machen. Man fürchtet die Geister mehr, als man sie verehrt, und sie spielen eine wichtige Rolle innerhalb der Ausprägung des Buddhismus in Myanmar.

Von Devas und Nats

Die Myanma unterscheiden zwischen buddhistischen Nats (Devas), die in Indras Götterhimmel residieren, Naturgeistern (Nats von Bäumen, Wäldern, Bergen) und den „Siebenunddreißig Nats", die allesamt legendäre historische Biographien aufzuweisen haben, außer ihrem König Indra-Sakka, der zu den Devas gehört.

Devas müssen, im Gegensatz zu den Nats, nicht beschwichtigt werden. Sie haben keine Schamanen, niemand wird von ihnen besessen. Am volkstümlichsten unter den Devas ist in Myanmar die Erdgöttin Wathoundaya.

Bezeichnend für alle Nats ist ihr gewaltsamer Tod. Gerade er bewirkte, daß sie zu Nats wurden.

Die Siebenunddreißig Nats gelten, außer Indra, als „amoralische" Geistermächte. Fast alle sind historische Gestalten, deren Kult mit den Königen zusammenhängt. „Siebenunddreißig" bezeichnet dabei weniger eine bestimmte Anzahl als eine Kategorie von Nats. Zuerst waren es zweiunddreißig „sanktionierte" Nats, eine Zahl also, die als ein Vielfaches der Himmelsrichtungen anzusehen ist. Manche kamen später hinzu, andere Nat-Kulte sind in Vergessenheit geraten.

In öffentlichen Nat-Zeremonien (Nat-Pwe) werden Nats nicht nur beschwichtigt, sondern auch mit Hilfe von Musik und Schamaninnen (Damen des Nat, die manchmal auch Männer sind!) beschworen. Mit einem eigenen Orchester und Figuren des Nat werden bei den jährlichen Nat-Seancen die Geister geladen. Die Nat-Tänzerinnen vollziehen, teilweise im Zustand der Trance, die Lebensgeschichte des angerufenen Nat während der Zeremonie nach.

Nats für jede Gelegenheit

Nats werden bei der Geburt, bei Feiern der landwirtschaftlichen Zyklen, bei Novizen- und Pubertäts-Riten sowie vielen anderen Gelegenheiten angerufen. Für jede Gelegenheit gibt es sozusagen den „richtigen" Nat.

Jedes Dorf hat seinen Nat, dessen Kult man beibehält, auch

wenn man das Dorf verläßt. Dorf-Nats können so Anerkennung und Bedeutung in großen Regionen erlangen.
Min-Mahagiri, den Haushalts-Nat, beschwichtigt man überall in Myanmar. Eine Kokosnußschale wird in fast jedem Haushalt für ihn aufgehängt.
Die Nathami Bounmayi wird zur Erntezeit, der Erd-Nat Bounmazou (Bumaso) bei Dorfgründungen angerufen. Akadzou ist der Himmels-Nat.
Zu jeder Familie gehören zwei Nats, einen, der der mütterlichen, sowie einen, der der väterlichen Seite zugeordnet wird. Der Familien-Natkult wird besonders streng eingehalten und von einer Generation auf die nächste vererbt.
Von großer Bedeutung für die Familie ist die Anrufung der Siebenunddreißig Nats bei der Shinbyu Zeremonie, der Abwendung des Sohnes vom Elternhaus.

Schreine für Dorfnats

Die berühmtesten Nats sind bereits in ihrem Menschen-Leben durch ihre außergewöhnlichen Kräfte aufgefallen, z.B. Nga Tin Te, der kraftvolle Sohn des Schmieds von Tagaung, dem seine Stärke zum Verhängnis wurde.

Sohn des Schmieds von Tagaung

Bis zum König drang die Kunde von der sagenhaften Kraft des Schmiedesohnes. Der erschrak und befürchtete das Schlimmste für sich. Deshalb gab er Befehl, Nga Tin Te zu fangen und umzubringen. Dieser erfuhr davon und floh in die Wälder, um sich dem Zugriff zu entziehen. Später heiratete der König die jüngste Schwester des Schmiedesohnes, die für ihre Schönheit berühmt war. Nach einiger Zeit sagte der König zu seiner Frau, ihr Bruder solle Stadtgouverneur werden. Diese vertraute dem Wort ihres Gatten und ließ ihn holen. Auf Anordnung des Königs wurde Nga Tin Te sodann gefangen, an einen Sagobaum gebunden und verbrannt.

Feuertod am Sagobaum

Überwältigt vom Kummer stürzte sich die junge Königin in die Flammen. Der König versuchte, sie an den Haaren aus dem Feuer zu ziehen, was ihm aber nicht gelang. Lediglich ihren Kopf hielt er in den Händen, und so blieb ihr Gesicht unversehrt.
Jedes Lebewesen, das sich fortan auch nur dem Schatten des Sagobaumes näherte, gleichgültig, ob es Mensch oder Tier war, mußte sterben.
Deshalb grub man den Baum mitsamt den Wurzeln aus und warf ihn in den Ayeyarwaddy. Er trieb bis nach Bagan. Dort fischte

Mahagiri-Nats

man ihn aus dem Fluß. König Thinlikyaung, der einen das Land vereinigenden Nat-Kult ins Leben rufen wollte, ließ aus dem Baumstamm die Figuren der Nat-Geschwister schnitzen und brachte sie zur Verehrung auf den Popa Berg. Sie genießen als „Mahagiri-Nats", die „Nats des Großen Berges", hohe Popularität. Ihr Schrein befindet sich seitlich des Aufgangs, auf halber Höhe des Berges, der das Ziel zahlreicher Pilger ist.

Man kann vermuten, daß ihr Kult dazu geführt hat, die neunzehn Dörfer zum Stadtstaat von Pagan (Bagan) zu vereinen, dessen Schutzgeister sie sind.

Ihre Standbilder stehen auch zu beiden Seiten des Tharaba Tores der Stadtmauer von Alt-Bagan in tiefen Nischen, geschützt vor dem Sonnenlicht. Weil beide den Feuertod erlitten haben, dürfen sie nicht mit Feuer in Berührung kommen. Deshalb opfert man ihnen nur Blumen und Früchte, aber keine Kerzen. Auch darf sie kein Sonnenstrahl treffen.

Die Legende vom Schmiedesohn und seiner Schwester belegt, daß sich die animistische Vorstellung von der Beseeltheit der Dinge bis in die Zeit des legendären birmanischen Reiches Jagaung zurückverfolgen läßt, wo die Geschwister zwischen 344 und 387 n. Chr. den Feuertod erlitten haben. Bereits damals wurden sie als Mahagiri-Nats verehrt. Ihre Namen, Nga oder Maung Tin Te und Shwe Myethna, bedeuten „Gebieter vom Großen Berg" und „Herrin mit dem güldenen Gesicht".

Taungbyon-Brüder

„Derselben Pagan-Periode entstammen eine Reihe weiterer Nats von den Siebenunddreißig. Zu den wichtigsten Nats gehören (als 12. und 13.) die Taungbyon Brüder, Söhne eines indischen Muslims, der von einem Einsiedler aufgezogen wurde: Von ihm erfuhren sie, der Esser des Fleisches eines toten Magiers würde übermenschlich stark und schnell werden. Sie aßen sein Fleisch. Und aus Angst vor ihnen ließ der König von Thaton den älteren Bruder ermorden, zerstückeln und seine Körperteile vergraben, damit sein Geist Thaton beschützen möge. Aber der jüngere Bruder war in die Dienste von Pagan getreten. Weil er die Körperteile seines Bruders aus Thaton ausgrub, erlag diese Stadt den Birmanen. Trotzdem tötete Anawrahta auch ihn und seine beiden Söhne (die versäumt haben sollen, Ziegel für die Taungbyon-Pagoda beizutragen). Ihre Geister erhielten das Taungbyon-Dorf zum Lehen. So wurden sie zu den Taungbyon-

Nats, den volkstümlichen Nats Ober-Birmas. Fast ein Nationalfeiertag ist dort ihr fünftägiges Fest, berühmtestes der Nat-Feste, obwohl es in die buddhistische Fastenzeit fällt (in der keine Festlichkeiten stattfinden sollten). Auch sonst enthält es antibuddhistische Züge: Saturnalien, Opferung eines Hasen, Abhacken eines Baumes. Andererseits wird auf dem Taungbyon-Nat-Fest buddhistischen Mönchen Nahrung dargebracht. Die Taungbyon-Nat-Schreine haben ungewöhnlicherweise Züge einer buddhistischen Pagode und beherbergen Nat-Statuen, denen Pilger Blumen darbringen.

Herr des einsamen Bayan-Baumes

Zusammen mit den Taungbyon-Brüdern erlitt auch ihr Präzeptor mit seiner Schwester den Tod (14. und 15. Nat). 16. Nat war einer der (nach Pagan verschleppten) Mon-Fürsten von Thaton, ‚Herr des einsamen Banyan-Baumes', wohl an Baum-Kulte anknüpfend. Ein Prinz des 12. Jahrhunderts, welcher als Novize im Klosterhof von der Schaukel fiel, wurde zum 18. Nat. Der Sohn eines zeitgenössischen Ministers, welcher die Tochter eines Alkoholproduzenten heiratete und an Alkoholvergiftung verendete, wurde 19. Nat, mit kultischen Gesängen über Schwelgerei, ein Schutzherr von Vagabunden und Schelmen. Ein Feldherr des ausgehenden 12. Jahrhunderts, der auf das Zureden seines Herrschers, statt einer Königin eine Ministertochter zu heiraten, obszön antwortete und dafür hingerichtet wurde, ist 20. Nat. Zum 33. Nat wurde sogar Tabin Shwe Hti (1531-1550), Begründer des Zweiten Birmanischen Reiches. Der von seinem Erben Buyin Naung (1551-1581) gefangene Fürst von Chiengmai wurde zum 37. Ein von einem Tiger gefressener Händler wurde zum Schutz-Nat der Kaufleute – 25. der Siebenunddreißig Nats.

Herr des Weißen Pferdes

Außerhalb ihrer offiziellen Liste steht der Herr des Weißen Pferdes, ein mit dem birmanischen Heer besonders verbundener Nat (der im 18. Jahrhundert gegen die Mon, 1824 gegen England und 1949 gegen die Insurgenten mitgekämpft haben soll. Diese hatten seinen Schrein vernichtet.) Er ist der Dorf-Nat weiter Gebiete des zentralen Birmas. Als ‚Herr der Neun-Städte' (Kou Myou Min) duldet dieser Nat es nicht, daß Menschen in Gruppen von neun durch sein Gebiet reisen. Tun sie es dennoch, so müssen sie den Schein wahren, es seien mehr. Deshalb ist es in solchen Fällen üblich, etwa einen Stein mitzunehmen – und ihn als Mitreisenden anzusprechen, damit der Nat der Neun Städte, Herr des meisten bewässerten Gebiets von Kyaukse, keinen Unfall verursachen soll.

Herrinnen des Wehrdammes

Ebenfalls im Kyaukse-Gebiet werden mehrere Nats als ‚Herrinnen des Wehrdamms' verehrt. Ihre Legenden gelten der Pagan-Dynastie zugeschriebenen Bewässerungsanlagen. Als unter Anawrahta ein Menschenopfer für jenen Wehrdamm gesucht wurde, opferte sich eine Königin freiwillig. Ihr Bruder, ein Shan-Fürst, warf sich in den Wirbelstrom. Seine Schwester wurde Schutzgeist der Wehrdämme. Figuren der Geschwister werden in vielen Nat-Schreinen verehrt. Ähnliches wird über die Gemahlin eines Sohnes des Alaungsitthu überliefert. Als ihm nicht die Errichtung eines Wehrdamms bei Sedaw gelingen wollte, sollte jemand aus der Königsfamilie geopfert werden, um dem Wehrdamm einen Schutzgeist zu geben. Um anderen das Leben zu retten, ertränkte sich seine Frau freiwillig. Sie wurde damit zum Schutz-Nat, der ‚Herrin von Sedaw' (Sedaw Thakinma), auch der Felder, welche vom Mandalay-Kanal bewässert werden. Auch ihre aus Gram verstorbenen Brüder wurden zu Nats. Alle drei haben ein lokales Nat-Fest, das in die buddhistische Fastenzeit fällt, und trotzdem Bebauer all der durch ‚ihren' Kanal bewässerten Felder anzieht. Schwangere Frauen meiden die Wasser, wo die Sedaw-Thakinma sich ertränkt hatte, denn sie soll während ihres Selbstmordes schwanger gewesen sein."
(Manuel Sarkisyanz, Die Kulturen Kontinental-Südostasiens, Wiesbaden 1979, S. 38f.)

Wollen und Handeln

Weil er den Buddhismus in praktischer Weise ergänzt, lebt der Nat-Glaube in Myanmar beständig fort. In bestimmten Sphären wirken Nat-Leitbilder in der birmanischen Kultur, ähnlich wie das buddhistische Ethos in anderen. Allzu menschliche Bedürfnisse sind mit dem Nat-„Ethos" eher zu vereinbaren als mit den strengen buddhistischen Moralvorstellungen.
Die buddhistischen Werte sind in Myanmar zu Grundelementen der Kultur geworden. Daß gewisse Konflikte zwischen Wollen und Handeln oft ungelöst bleiben, ändert nichts daran. Die Unvereinbarkeit der am Nat-Amoralismus orientierten Vorstellungen mit der buddhistischen Verzichtsethik kann nicht darüber hinwegtäuschen, auch wenn in der tagtäglichen Praxis nicht die maximalen Werte der Erlösungsreligion erreicht werden. Über das „Nicht-buddhistische" solchen Trachtens sollte allerdings kein Zweifel

bestehen. Die meisten Nats müssen gegenüber der maximalistischen Moral des Buddhismus als amoralisch erscheinen.
Bei einer Überforderung durch den Buddhismus erfüllen Nats aber bei den Gläubigen Bedürfnisse, die der Buddhismus unerfüllt läßt. Nats können all das verkörpern, was der Buddhismus verabscheut, und demonstrieren dadurch, wie sehr die an der Vergänglichkeit besonders hängenden Wesen durch ihren Existenzdurst leiden und Leiden über andere bringen können. Dies erhält einen buddhistischen Sinn durch ihren gewaltsamen, frühen Tod. Auch Nats können nämlich wiedergeboren werden, in anderer, weniger leidender Gestalt. Der universelle Heilsweg des Buddhismus gilt auch für sie.

Gewalt in dieser Welt

Gewaltsamer Tod kann Menschen zu Nats machen, gottergebene, stille Frömmigkeit, Streben nach gottseliger Ruhe zu Buddhas. Die Kraft des Buddhismus ist die eines Erlösungsweges, der Erlösung *aus dieser Welt.* Die Gewalt der Nats ist Gewalt *in dieser Welt.*

Falls sie nicht beschwichtigt werden, können Nats Menschen angreifen, sowohl moralisch hochstehende als auch unmoralische. Sie dürfen deshalb nicht nach moralischen Kriterien beurteilt werden.
Unbuddhistisches Hängen an dieser Welt ist nicht immer Grund, ein Nat zu werden. Wie Buddha in mehr als einem Vorleben opferten manche Nats für andere freiwillig ihr Leben, z.B. Königinnen, die sich als Schleusenopfer darbrachten, damit andere nicht getötet werden mußten. Auch Nats wollen buddhistische Verdienste erringen.

Helfer für fromme Werke

Fromme Buddhisten pflegen geflissentlich den Kult der Nats. Sie wollen durch Nats nicht am materiellen Erfolg gehindert werden, da dieser es ihnen ermöglicht, fromme Werke zu tun. Und um ins Nirvana oder Nibbana eingehen zu können, muß man Wohltätigkeit praktizieren. Nats verhelfen dazu, dies zu können; darum verhelfen Nats zur Erreichung buddhistischer Ziele. Die Nat-Kulte erhalten auch auf diese Weise einen buddhistischen Sinn. In der Art eines Methapher-Systems ermöglichen sie es dem Rationalisten wie auch dem frommen Gläubigen, die Lehre nach seiner Auffassung auszulegen.
Mönche setzen sich zum Ziel, ein Beispiel an Tugend und einsichtsvollem Verhalten zu sein, den Geist zur Vollkommenheit zu führen.

Nibbana oder Paradies

Für den einfachen Gläubigen ist Nibbana dagegen eine recht weit entfernte Möglichkeit, im Gegensatz zu den viellfältigen Freuden dieses Lebens und der Chance eines vorübergehenden Aufenthalts im Paradies. Für die Mehrheit der Buddhisten ist Wiedergeburt in hohen weltlichen Status höchstes Ziel, nicht das Nibbana. Man glaubt, Nibbana sei auch durch alchemistische und kabbalistische Techniken (Weikza-Zauber) zu erreichen. Man möchte das „Leben" verlängern bis zum Erscheinen des kommenden Buddha Maitreya. In dessen Zeitalter, so glaubt man, bewirke schon die Verehrung der Reliquien Buddhas den Zustand des Nibbana.

Nat-Animismus ist Zugeständnis an menschliche Begierden und Ängste. Nats verkörpern Menschen, wie sie sind. Dagegen orientiert sich das Menschenbild des Buddhismus daran, wohin der Mensch streben soll, was er werden kann.

Geisterkult im Buddhismus

Im theravada-buddhistischen Heilsweg werden weniger Zugeständnisse an die Schwächen der Menschen gemacht als im christlichen Glauben. Dem Buddhisten wird nur Selbsterlösung in Aussicht gestellt, es ist ihm keine Erlösung durch göttliche Gnade verheißen.

Durch die Duldung des Nat-Glaubens gelingt es gewissermaßen, außerbuddhistische Erlösungsgedanken – sozusagen systemkonform – mit buddhistischen Vorstellungen zu verschmelzen. In dieser Hinsicht war es nur folgerichtig, wenn Anawrahta, als er 1059 die Shwezigon Pagode baute, um die Zahnreliquie Buddhas herum Schreine der Siebenunddreißig Nats aufstellen ließ.

Chronologische Übersicht zur Geschichte Myanmars

Zivilisation der Pyu	III.–IV. Jh.
Mon von Thaton/Königreich Dvaravati	I.–X. Jh.
Mon von Pegu/Bago/Hanthawady	X.–XVI. Jh.
Königreich der Mon in Nieder-Burma	XIII.–XVI. Jh.
Königreich von Taungoo	
Königreich von Pagan/Bagan	X.–Ende XII. Jh.
Anawrahta	1044–1077
Erstes Reich	1044–1287
Sawlu	1077–1084
Kyansittha	1084–1112
Alaungsithu/Sithu I.	1112–1169
Narathu	1169–1170
Naratheinkha	1170–1173
Narapatisithu/Sithu II.	1173–1211
Naundangmya/Htilominlo	1211–1234
Kyazwa	1234–1250
Uzana	1250–1254
Narathihapati	1254–1287
Invasion der Mongolen	1287
Herrschaft der Shan-Fürsten	1287–1531
Könige von Sagaing	1315–1364
Könige von Ava und Amarapura	1364–1837
Nicolo di Conti besucht Burma	1435
Könige von Taungoo	1486–1573
Tabinshweti macht Pegu zur Hauptstadt	1531–1544
Zweites Reiches	1531–1752
Zerstörung von Pegu durch Arakan und Siam	1600
Erste britische Niederlassung in Syriam	1627
Ava wird Hauptstadt	1635
Französische Niederlassung in Syriam	1689
Mon zerstören Ava	1752
Dynastie von Konbaung/Drittes Reich	1752–1885
Alaungpaya	1752–1760
Hauptstadt in Shwebo	1758–1765
Sinbyushin	1760–1783

1767	Burmanen zerstören Ayuthya in Siam
1783–1819	Bodawpaya
1785	Sieg über Arakan
1819–1837	Bagyidaw
1852	Briten in Nieder-Burma
	Erster Anglo-burmanischer Krieg
1837–1846	Tharawaddy
1846–1853	Pagan Min
1852	Zweiter Anglo-burmanischer Krieg
1853–1878	Mindon Min
1878–1885	Thibaw
1885	Dritter Anglo-burmanischer Krieg
	Vollständige Besetzung Burmas durch die Briten
1937	Burma wird vom Indischen Reich getrennt
1942	Die Japaner besetzen Burma/Aung San flieht nach Japan
1943	Die Briten vertreiben die Japaner aus Burma
1947	Ermordung Aung Sans
1948	Burma wird unabhängig/Premierminister U Nu
1962	General Ne Win übernimmt die Macht
1973	Union von Burma
1988	Burma nennt sich Myanmar
1991	Aung San Suu Kyi erhält den Friedensnobelpreis
1997	Myanmar wird Mitglied des Asean-States

Yangon
Stadt der Shwedagon

8

9

6, 7 Shwedagon Pagode.

8, 9 Riesige Chintei-Löwen bewachen den südlichen Zugang.

10

11

*10 Aufgang zur Plattform.
Rechts und links kleine Läden.*

11 Decken- und Wanddetail einer Halle.

12

13

12 *Tempelhalle in der Nähe des westlichen Aufgangs.*

13 *Liegender Buddha in der Daw Pints Halle.*

အင်္ဂါနံထောင့်

15

16

14-16 *Opfernde Gläubige vor Planetenposten.*

16 *Rituelle Buddhawaschung.*

17

18

19

20

21

17 *Schrein der acht Buddhas und Planeten.*

18, 19 *Buddhas, auf Planeten- und Wochentags-Symboltieren reitend.*

20 *Andächtige in einem mit Spiegelmosaiken verzierten Tazaung.*

21 *Junge Birmanin mit Andachtsschirm.*

22

23

26

27

29

22, 23 Tempel und Pavillons im östlichen Bereich.

24 Standbild auf der „Elf-Schreine-Gruppe".

25 Dekorierte Stupas, Pyatthats und „Glücksbäume" umgeben das Hauptheiligtum.

26-28 Kapellen auf der Basisplattform. Dazwischen Elefanten- und Löwenskulpturen.

29 Tempel und Hallen im nördlichen Breich.

34

35

36

37

39

40

41

42

46

47

38-45 *Weltfriedenspagode (Kaba Aye).*

43 *Vogelverkäufer bei der Kaba Aye.*
Einem Vogel die Freiheit schenken, bringt Verdienste.

45 *Elefantengesichtiges Buddhastandbild.*

46-48 *Liegender Buddha der Kyauk Htat Gyi Pagode.*
Mit 70 Metern ist er einer der Größten des Landes.

49 *Almosenspende zu Füßen Buddhas.*

51

52

50, 52 Botataung Pagode.
Die sternförmigen, mit Glasmosaiken verzierten Gänge bieten Gelegenheit zur Meditation.

51 In Wandvitrinen sind die Schätze der Pagode ausgestellt.

53

54

55

56

53-58 *In einer Markthalle.*

53, 55, 58 *Nonnen beim Almosengang.*

56 *Lackwarenhändler.*

57

58

59

59 *Straße in Yangon, links Markthallengebäude.*

60 *Fähre auf dem Yangon.*

61-63 *Hafen. Mandalay-Dampfer Mohle.*

60

61

62

63

STRAND HOTEL

67

68

69

64 *Strand Hotel.*

65 *Shia Moschee.*

66 *Gebäude im Kolonialstil.*

67-69 *Im Foyer des Strandhotels.*

Solidarity and Development Association
SANYO
SANYO

72

73

74
75

76
77

78
79

SULE PAGODA

SULE PAGODA
YANGON

86

87

88

89

90

Bago und der Goldene Felsen

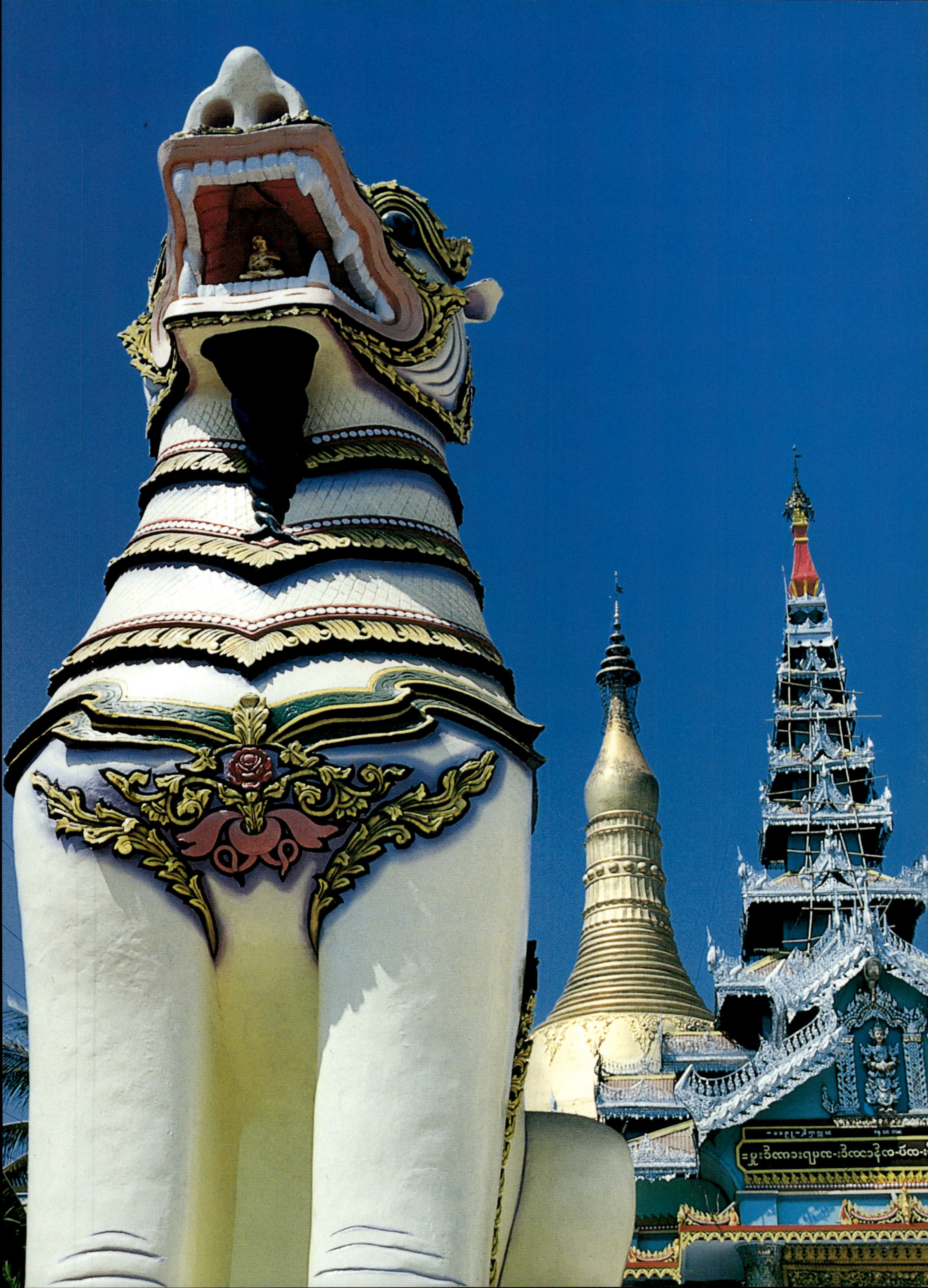

93

92 *Shwemawdaw Pagode.*
Haupttheiligtum und Wahrzeichen von Bago.

93 *Mächtige Wächterlöwen schützen die Pagode.*
In ihrem Maul sitzen kleine goldene Figuren.

94 *Stupa der Shwemawdaw, die 114 Meter hoch ist.*
In der Form der Shwedagon ähnlich,
überragt sie diese um mehr als 10 Meter.

95 *Aufgang zum Hinthagone Hügel.*

95

96

97

98

99

99, 100 *Blick vom Hinthagone Hügel auf die Kuppel der Shwemawdaw.*

101

100

101, 102 Straße in Alt-Bago und Bago-Fluß.

ကြွေမီးလုံးနှစ်ဆယ်တစ်လုံးအလှူရှင်

104

105

103-108 Shwethalyaung Buddha.
Er ist 55 Meter lang und 16 Meter hoch, das Ohr mißt 4,50 Meter.

107

106 Die liegende Darstellung meint immer den sterbenden Buddha.
Er blickt entspannt, da ihn das Nibbana erwartet.
An der Kopfseite ist sein Leben in Spiegeleinlegetechnik dargestellt.

107 Auf den Sohlen der Füße sind jeweils 108 Glückssymbole
in ein Rad eingearbeitet.

108 Fliegende Händlerin am Eingang des Heiligtums.
Ihre Wangen hat sie mit Thanaka-Paste bestrichen.

110

111

109 *Birmanisches Mädchen.*

110, 111 *Kyaikpun Pagode.*
Sie liegt, 1476 von Dhammazedi erbaut,
unweit von Bago, etwas abseits der Straße
Bago-Yangon.

112, 113 Die 30 Meter großen Buddhafiguren sind die Buddhas unseres Zeitalters: Gautama und seine Vorgänger Kakusandha, Konagammana und Kassapa.

114 *Nagayon Anlage.*
Ein mythischer Naga, halb Drache, halb Schlange, trägt eine Buddhafigur, die er mit seinem Kopf beschirmt.

115 *Astrologische Schutztiere umstehen die Anlage.*

116 *Mönch mit Novizen beim morgendlichen Almosengang.*

114

115

116

118

117

117, 118 *Allied Memorial Cemetary.*
27000 alliierte Soldaten, die im Zweiten Weltkrieg in Burma gefallen sind, haben hier ihre letzte Ruhestätte gefunden.

119

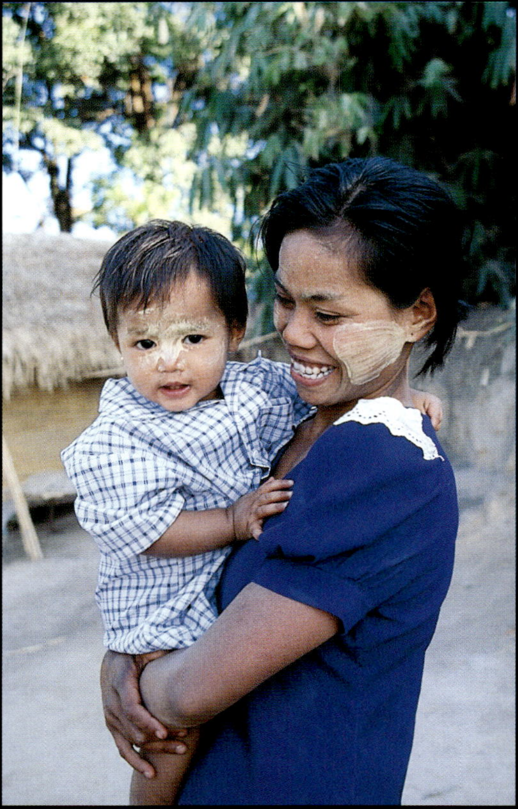
120

121

122

123

124

125

126

127

128

129

130

119-122 Junge Birmaninnen mit thanakagefärbten Wangen.

123 Kinder in einer Hütte am Pilgerpfad.

124-130 Ausgangspunkt für einen Besuch des Goldenen Felsens ist die kleine Stadt Kyaikto.

131 Der Weg führt über sieben Bergrücken durch Bambusdschungel bis auf annähernd 1200 Meter.

131

132

133

134

135

136

137

132-147 *Pilgerziel im südburmesischen Regenwaldgebiet: der Goldene Felsen, die Kyaiktiyo Pagode. Der vergoldete Fels droht von der Klippe hinabzustürzen, aber eine Haarreliquie Buddhas sorgt für die Balance.*

141 *Hinter dem Pagodenplateau aus Bambus errichtete Pilgerherbergen und Restaurants.*

142

143

144

145

146

Bagan
Königreich der Tempel

150

148-162 *Shwezigon Pagode. 11. Jahrhundert.*
Eines der bedeutendsten Heiligtümer des Landes
und Prototyp aller burmesischen Pagoden.

151

152

153

154

155 ▶

159

160

161

162

158-160 Holzgeschnitzte Figuren im Yokeson Tazaung, nahe dem Südaufgang, erzählen Jatakas, z.B. die Ausritte des Prinzen Siddharta und seine Begegnung mit dem Alter.

161 Aus Bronze geprägte Großfigur eines Buddhas unseres Zeitalters.

162 Tempelhalle der Shwezigon.

164

165

163 *Shwesandaw Pagode. 11. Jahrhundert.*
Im ursprünglichen Zentrum von Bagan stehend, ist sie nicht nur ein gewaltiges Reliquiar, sondern auch das Monument einer erfolgreichen Militärkampagne König Anawrahtas und Symbol von Bagans Übergang vom lokalen Fürstentum zum Imperium.

164, 165 *Pagoden beim Dorf Myinkaba.*

167

168

166-168 Nanhpaya Tempel. 11. Jahrhundert.

169, 170 Kyaukku Umin Tempel. 11. Jahrhundert.
Das Standbild des auf einem Lotosthron sitzenden Buddhas ist annähernd sieben Meter hoch.
Rechts der dem Kloster vorstehende Mönch.

ပူဇော်ပွဲ

171

172

173

174

176

177

171, 172 Manuha Tempel.
11. Jahrhundert.

173 Nagayon Tempel.
11./12. Jahrhundert.

174, 175 Wetkyi-in Gubyaukgyi Tempel.
12./13. Jahrhundert.

176-178 Abeyandana Tempel.
Frühes 12. Jahrhundert.

▸ 178

179

179-191 *Ananda Tempel.*
11. Jahrhundert. Meisterwerk des 3. Königs von Bagan, Kyanzittha.
Der Tempel ist nicht nach dem Leibdiener Buddhas benannt; der Name geht auf eine Verballhornung des Paliwortes „anantapaunya“ zurück, das „endlose Weisheit“ bedeutet.
Der Ananda Tempel liegt im Osten der alten Statdmauer und bestimmt mit seinen weißen Sikhara das Stadtbild Bagans.

180

◄ 178

181

181 *Der bienenwabenähnliche, 51 Meter hohe, zentrale Sikhara wird von einer goldenen Pagodenspitze bekrönt. Die Fotos zeigen den Sikhara ummantelt, da er gerade neu vergoldet wird.*

182 *Kleiner, strohgedeckter Tempel innerhalb des Ananda Bezirks.*

185

186

187

183, 184 Bodhisattva-Figuren im Innenhof.

185 Sikhara.

186 Wächterlöwe an einer Terrassenecke.

187 Novize mit Almosenschale.

188-191 Aus Holz geschnitzt, mit Stuck ummantelt und vergoldet: die vier Buddhas unseres Zeitalters.

192, 193 Fresken im Ananda Kloster.

194-196 Tempelfresken in Bagan.

188

189

190

191

192

193

194

195

196

197
198

199
200

201
202

197-202 Weg zum Dhammayangyi Tempel

203-209 Dhammayangyi Tempel. Mitte des 12. Jahrhunderts.

210-213 Seinyet-Ama Tempel und Seinyet-Nyima Pagode. 13. Jahrhundert.

214 Lemyethna Tempelbereich bei Minnanthu

203

206

207

210

211

212

213

214

215

216

217

218

219

220

215 *Thatbyinnyu Tempel. 12. Jahrhundert.*

216 *Gawdapalin Tempel. 12./13. Jahrhundert.*

217, 218 *Shwegugyi Tempel. Mitte des 12. Jahrhunderts.*

219, 220 *Stadtmauer von Alt-Bagan mit dem Tharabha Tor.*

221, 222 *Die beiden Schutznats von Bagan, Maung Tin De und Shwe Myethna, bewachen das Tharabha Stadttor.*

223 *Sakralbauten beim Dorf Thiriyapyitsaya*

223

221

222

225

224-230 Mingalazedi Pagode. 13. Jahrhundert.

230 Blick von der Mingalazedi.
Im Hintergrund der Ayeyarwaddy.

226

227

228

229

231

232

231 *Tempel im Lemyethna Bereich.*

232-234 *Sakralbauten beim Dorf Thiriyapyitsaya.*

235 *Payathonzu Tempel. 13. Jahrhundert.*

236 *Buddhastatue in einem Tempel in der Nähe der Shwesandaw.*

237-242 *Htilominlo Tempel. Anfang des 13. Jahrhunderts.*

235

233

234

237

238

239

241

242

243

244

245

246

248

249

243 Ywahaunggyi Tempel. 13. Jahrhundert und Bauwerke seines Umfeldes.

244-249 Bauten seines Umfeldes.

247-249 Thatbyinnyu und Ananda Tempel, von der Ywahaunggyi aus gesehen.

250

251

252

253

254

255

256

26

250-252 *Lackwarenherstellung.*

253-260 *Marktszenen aus Bagan.*

257 *Käuzchenverkäuferin.*
Eulen gelten als glückbringende Tiere.

261 *Ayeyarwaddy bei Bagan.*
Links die Buhpaya Pagode. 9. Jahrhundert.

262-265 *Palmsaftgewinnung*
und Verarbeitung zu Melasse.

264

265

267

268

266-268 *Ochsenkarren, wichtigstes Transportmittel auf dem Land.*

269-270 *Feldvorbereitung zum Reisanbau.*

269

270

271

272

274

271-273 *Auf dem Lande ist Bambus und Teakholz nach wie vor das wichtigste Baumaterial für den Hausbau.*

274 *Nat-Häuschen zur Aufnahme der Opfergaben für die Schutzgeister des Hauses oder Dorfes.*

275

276

ကိုကြီးကျော်
တ လိုင် ကျော်

275-289 *Zentrum der Natverehrung: der Popa Berg. 70 Kilometer südöstlich von Bagan ragt der Vulkankegel des Popa 1518 Meter aus der Ebene. Er ist Ziel zahlreicher Pilger, die die Nats in den Schreinen am Fuße des Berges und in den Gipfelheiligtümern verehren*

278, 279 *Nats in einem Schrein am Fuße des Berges.*

282 *Einsiedlermönch vom Popa Berg.*

284 *Nat Schrein auf dem Popa Berg.*

286, 287 *Schreine auf dem Gipfel des Berges. Sie zeigen, wie die Anbetung Buddhas mit der Verehrung der Nats verbunden ist.*

280

281

282

283

284

285

286

287

Königliche Städte
Amarapura · Mandalay · Sagaing

292

293

290-293 *Taungthamansee bei Amarapura.*

292, 293 *Auf dem See tummeln sich Schwärme von Enten, und Fischer werfen ihre Netze aus.*

292 *Über den See führt die U-Bein-Brücke; mit 1,2 Kilometern die längste Teakholzbrücke der Welt.*

294

295

294-301 Shinbuy Zeremonie.

294, 295 Festlich oder wie Prinzen früherer Zeit gekleidet werden die Shin Laung, die Novizenanwärter, in feierlicher Prozession zum Kloster geleitet.

296, 297 Eltern, Verwandte und Nachbarn tragen Geschenke und Opfergaben.

298 Scheren der Haare des Anwärters durch einen älteren Mönch. Die Eltern fangen die Haare mit einem Tuch auf.

299 Nach der Bitte um Aufnahme ins Kloster und der Wiederholung der dreifachen Gelöbnisformel, die der Abt ihnen vorgesprochen hat, erhalten die Novizen die gelbe Robe.

300 Ehrerweisung der Eltern vor den Koyins oder Novizen.

301 Entgegennahme der Spenden und Geschenke beim ersten Almosen- oder Bettelgang.

296

297

298

299

300

301

302

302-311 *Spendenaktion zur Beköstigung der Mönche im Mahagandayon Kloster in Amarapura. Erst 1950 gegründet, zählt es zu den größten in Myanmar. Eine berühmte Mönchsuniversität ist ihm angeschlossen. Während der buddhistischen Fastenzeit beherbergt es neben den 700 ständigen Mönchen noch etwa 500 Gastmönche.*

303

304

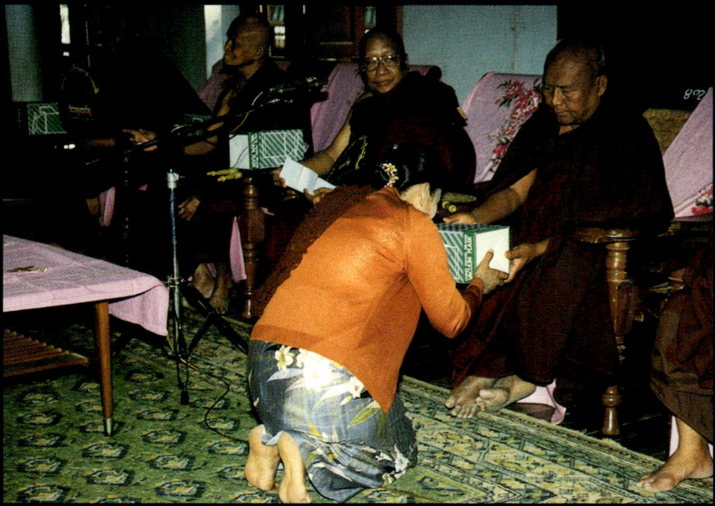

305

302-306 Die Mönchsoberen nehmen von der Delegation des Dorfes, das den Reis zur Beköstigung der Mönche spendet, symbolische Gaben entgegen.

307

308

309

307-309 *In langer Reihe ziehen die Mönche an den festlich gekleideten Frauen vorbei, die ihnen die Akmosenschalen mit Reis und einem Stück Kuchen als Nachtisch füllen. Den Schluß bilden die Koyins.*

310-311 *Gemeinsames Mahl der Mönche, die nach dessen Beendigung schweigend den Eßsaal verlassen.*

312

312 *Nagayon Pagode in Amarapura. Die Pagode rechts bekrönt ein Naga, eine einem Drachen nicht unähnliche Schlange.*

313 *Mönche beim Reinigen ihrer Essensschalen.*

314 *Thanaka Paste schützt die Haut vor Sonnenbrand; sie ist aber auch ein kosmetisches Mittel, das die Birmaninnen äußerst wirkungsvoll zu benutzen wissen.*

313

31

315, 316 *Ein Wassergraben und Mauern umgeben den Königspalast in Mandalay. Die vier der Himmelsrichtungen entsprechenden Haupt bekrönt ein siebenstufiger Pyatthat.*

317 *Karaweikschiff im Wassergraben. Darin befindet sich ein Restaurant.*

317

318

318 *An zwei riesigen Chintei-Figuren beginnt der 1729 Stufen zählende Pilgerpfad zum Mandalay Hügel.*

319 *Standbild des Byadeikpay Buddha, das sich auf halber Höhe befindet. Zur Rechten des prophezeienden Buddha kniet der Mönch Ananda, den Kopf zur Stadt gewendet, auf die er hinabschaut.*

320, 321 *Spiegelmosaikverzierte Hallen auf der Berghöhe.*

322

322-330 Kuthodaw Pagode am Fuße des Mandalay Hügels.
In der Mitte dieser von König Mindon errichteten und von Mauern umgebenen Anlage liegt die 30 Meter hohe, nach dem Vorbild der Shwezigon Pagode in Nyaung U (Bagan) 1857 erbaute Mahalawka-Marazein Pagode. Wenige Jahre später ließ der König sie mit über 700 kleinen, weißen Pagoden zur Aufnahme von Marmortafeln mit dem Text des Tipitaka umgeben, die dem Bauwerk einen einzigartigen Reiz verleihen.

323

324

326

325, 326 In 729 kleinen Pagoden stehen die Marmortafeln mit dem Tipitaka-Kanon.
Einer altindischen Tradition folgend, hatte König Mindon 1871 die fünfte buddhistische Weltsynode nach Mandalay berufen.
In deren Verlauf einigten sich die teilnehmenden 2400 Mönche auf eine einheitliche buddhistische Lehre, deren Fassung auf den 729 Marmortafeln festgehalten ist.

327

327-329 Vier Mönche und an die 5000 Helfer schrieben den Kanon zunächst auf Palmblätter, um ihn dann in die Vorder- und Rückseite der Marmortafeln einzumeißeln. Diese stehen in den offenen, weißen Pagoden, die in drei Reihen um den zentralen Stupa angeordnet sind. Man nennt die Anlage deshalb auch „Das größte Buch der Welt".

328

329

330

330 Pavillion der Kuthodaw Pagode.

331

332

331, 332 Horoskopverkäuferinnen vor der Sandamuni Pagode.

333

334

333, 334 Sandamuni Pagode in Mandalay. Sie wurde von König Mindon im Gedenken an seinen, bei einer Palastrevolution 1866 ums Leben gekommenen, jüngeren Bruder gestiftet.

336

335-344 *Shwenandaw Kyaung in Mandalay.*
Dieses berühmte Teakholzkloster war einst Teil des Königspalastes, bis es König Thibaw 1880 an die jetzige Stelle versetzen ließ.
So entging es dem verheerenden Feuer von 1942, das den gesamten Palast zerstörte.
Die Wände sind mit geschnitzten Figuren verziert; riesige Teakholzstämme bilden die Säulen des Hauptraums.

337

338

339

340

343

344

345

346

347

348

349

350

351

353

354

355

356

345-351 *Holzschnitzer (345), Bildhauer (346-348), eine Schirmmacherin (350), Blattgoldklopfer (349) und Goldblättchenpackerinnen (351).*

352-357 *Hochentwickelt in Myanmar: Marionettentheater und Tanz.*

358, 359 *Mit Schärpen festlich geschmückte Buddhastatuen in Mandalay.*

360

361

362

363

365

366

367

360-367 Mahamuni oder Arakan Pagode in Mandalay.
1784 von König Bodawpaya zur Aufbewahrung der Mahamunistatue aus Rakhine erbaut.
Sie ist das älteste und größte bronzene Buddhastandbild Myanmars.

368

369

370

368-371 *Bronzene Khmer-Figuren (12. Jahrhundert) in der Mahamuni Pagode. Ursprünglich standen sie im kambodschanischen Angkor Wat. Über Ayuthia in Thailand, Bago und Mrauk U kamen sie als Kriegsbeute schließlich hierher. Die beiden Tempelwächerfiguren sollen jede Krankheit heilen, wenn man den entsprechenden Körperteil der Skulptur berührt.*

372

373

374

375

376

372-374 *Elefanten bei der Arbeit mit Teakholzstämmen am Ufer des Ayeyarwaddy in der Nähe von Toungoo. Mit etwa 6000 Stück besitzt Myanmar den weltweit größten Bestand an Arbeitselefanten.*

375 *Junge birmanische Lastträgerin im Hafen von Mandalay.*

377

378

379

380

376-379 *Speziell gezüchtete Wasserbüffel ziehen schwere Teakholzstämme aus dem Ayeyarwaddy. Der Teakholzhafen von Mandalay heißt deshalb auch Kywezun, „Ufer der Wasserbüffel".*

380 *Spielende Kinder im Hafengelände.*

382

383

381 Mingun Glocke. 1808 gegossen. Mit einem Gewicht von annähernd 100 Tonnen gilt sie als schwerste intakte Glocke der Welt.

382, 384 Mingun oder Mantaragyi Pagode. Für einen Zahn Buddhas, den er 1790 erhalten hatte, wollte Bodawpaya die mit 152 Metern größte Pagode der Welt errichten. Der Bau gelangte jedoch nicht über das erste Stockwerk hinaus.

383 Die Pondawpaya Pagode ist ein kleines Modell der riesigen Mingun Pagode.

384 ▸

385

385-389 *Umin Thonze Pagode in Sagaing. 1643 von einem Abt erbaut, wird sie auch „Pagode der 30 Höhlen" genannt. In dem halbkreisförmigen Gebäude sitzt eine lange Reihe von 45 Buddhas.*

385, 386 *Eingang und Aufgang zu dem auf halber Höhe des Sagaing Hügels errichteten Heiligtum.*

386

387

388

389

391

390 *Blick von der Terrasse der Sun U Ponya Shin Pagode auf ein Kloster. Im Hintergrund der Ayeyarwady.*

391 *Umgang der Sun U Ponya Shin Pagode.*

393

392 *Sun U Ponya Shin Pagode in Sagaing*
Sie wurde 1312 von U Ponya,
einem Minister von Athin Khaja,
dem Gründer von Sagaing,
gebaut und ist 30 Meter hoch.

393, 394 *Haupttempel und Andachtsschrein.*

394

395
396
397

394-396 *Nonnenkloster in Sagaing.*

395 *Junge Novizinnen mit ihrer Lehrerin.*

396 *Äbtissin des Klosters.*

397 *Nonne beim Almosengang.*
Nonnen erhalten ungekochte Nahrungsmittel oder Geld. Ihr Almosengang findet nur freitags statt, nicht wie bei den Mönchen täglich.

398 *Mönch beim Almosengang.*
Mönchen überreicht man, anders als Nonnen, zubereitete Speisen.

Inle See und Pindaya

401

402

403

404

405

406

407

410

411

412

413

414

415

400-407 Auf dem Markt von Taunggyi.

408, 409 Schwimmender Markt auf dem Inle See bei Ywama.

410, 411 Wasserbüffel im Inle See.

412-414 Am Inle See bei Namphu und Ywama.

415-418 Phaung Daw U Pagode.
In der „Pagode der königlichen Barke" stehen fünf, von den Gläubigen sehr verehrte, zu Goldklumpen deformierte Buddhafiguren.

416

417

418

419

420

421

419, 422 *Schwimmende Gärten. Die Inthas bewirtschaften die Gärten vom Boot aus.*

420 *Kloster am See.*

421 *Altarraum des Nga Phe Chaung Klosters. 18. Jahrhundert. Es liegt mitten im See und ist auf Pfählen errichtet.*

423-429 *Zahlreiche Buddhafiguren stehen in dem von Holzsäulen umgebenen Geviert des Klosteraltars. Bekannt geworden ist das Kloster wegen seiner „springenden Katzen".*

422

423

424

425

426

427

428

429

430

431

430-434 Fischerboote auf dem Inle See. Mit einem konisch geflochtenen Bambuskorb gehen die Inthas, die „Söhne des Sees", auf Fischfang, wobei sie das Ruder mit einem Bein einklemmen, um eine Hand frei zu haben. Diese Methode hat sie als Einbein-Ruderer berühmt gemacht.

432

433

434

437

438

440

441

442

443

444

435,436 *Tänzer der Shan in Pindaya.*

437-439 *Dorf der Pa-O.*
Das Bergvolk der Pa-O gehört zur Gruppe der Karen. Die Pa-O tragen meist dunkel gefärbte Kleider und einen Turban.

440-442 *Shweyanpa Kloster.*

443, 444 *Bottaloatkan oder Nattamiekan See: Wasserreservoir für Pindaya. Mit Ochsenkarren wird das Wasser frühmorgens in die Stadt gebracht.*

445

446

445, 446 Straßenszenen in Pindaya.

447-451 Markt in Pindaya.

452 Pagoden im Aufgangsbereich der Shwe Umin Höhle.

453 Hölzerner Vorbau des Eingangs.

454-464 Shwe Umin Pagode oder „Grotte der 8000 Buddhas". In der am Berghang über dem See gelegenen Tropfsteinhöhle stehen Tausende Buddhafiguren aus Bronze, Marmor oder Gips. Oft sind sie verschwenderisch vergoldet.

447

448

449

450

452

451

454

455

FOREIGNERS
DONATION
BOX

458

459

460

461

462

463

NUTAN
INDIEN
KACHIN
CHINA
Chindwin
CHIN
Mingun
Sagaing
Mandalay
Amarapura
BANGLADESH
Inwa
Salween
Bagan
VIETNAM
Taunggyi
SHAN
ARAKAN
Popa Berg
Inle See
Ayeyarwaddy
BAMAR
LAOS
Taungoo
Pyay
Sittang
KAREN
GOLF VON BENGALEN
Bago
Kyaikto
Yangon
MON
THAILAND
ANDAMAN SEE
GOLF VON SIAM

Folge dem Pfad,
und du wirst in ein Dorf gelangen.

Myanmarisches Sprichwort

Legenden der Bildkapitel

Yangon · Stadt der Shwedagon

6-37 **Shwedagon Pagode.**
Die Shwedagon Pagode ist eines der größten buddhistischen Heiligtümer der Welt. Der goldene Stupa birgt angeblich Reliquien der Buddhas unseres Zeitalters, darunter acht Haare Gautamas. Der Legende nach trafen zwei birmanische Brüder, fahrende Händler, den jungen Gautama kurz nach seiner Erleuchtung in Indien. Dieser gab ihnen acht seiner Haare mit, von denen ihnen unterwegs vier geraubt wurden. Als sie zu Hause ankamen, fanden sie nach dem Öffnen des Kästchens alle acht wieder vor. Von den Haaren ging ein heller Lichtschein aus, Blinde konnten wieder sehen, Taube hören und Stumme reden; die Erde bebte, Blitze zuckten und Edelsteine fielen vom Himmel. Zusammen mit drei anderen Reliquien, einem Stab, einem Wasserbecher und einem Gewand, wurden die Haare in einen Schrein gelegt, darüber baute man acht Pagoden, jeweils eine aus Stein, Blei, Marmor, Eisen, Kupfer, Zinn, Silber und Gold.
Die Geschichte der Shwedagon reicht bis ins 11. Jahrhundert zurück. Damals schon wurde sie als besonders wichtiges buddhistisches Zentrum erwähnt. In den folgenden Jahrhunderten bereicherten verschiedene Herrscher den Bau bis zu seiner heutigen Pracht und Größe.

6, 7 Die Shwedagon liegt auf dem 58 Meter hohen Singuttara-Hügel. In der Mitte der Plattform ragt auf einer achteckigen Basis der große goldene Stupa weitere 99 Meter in den Himmel. 64 kleinere Stupas, Tempel und Andachtshallen umgeben ihn.
Sommerset Maugham schrieb schwärmerisch über sie: „Herrlich erhob sich die Shwedagon, leuchtend in ihrem Gold, wie eine plötzliche Hoffnung in der Seele dunkler Nacht."

8, 9 Riesige, buntbemalte Löwen-Skulpturen bewachen den südlichen Treppenaufgang. Die Buddha-Mythologie nennt sie Chinthe (Chinthei). Als Wächter vor Tempeleingängen sind Löwenfiguren nicht nur in Myanmar, sondern in ganz Südostasien verbreitet.

10 Aufgang zur Plattform, rechts und links kleine Läden, in denen Besucher Schirme und Räucherstäbchen kaufen und später vor den Buddhafiguren opfern können. Aber auch Gongs und andere Musikinstrumente sowie Stärkungen und Erfrischungsgetränke kann man hier erstehen.

11 Decken- und Wanddetail einer Halle.

12 Tempelhalle in der Nähe des westlichen Aufgangs.

13 Liegender Buddha in der Daw Pints Halle.

14-16 Opfernde Gläubige vor Planentenposten.
Insgesamt an acht, nach den Himmelsrichtungen ausgelegten Ecken verehrt man hier Buddhafiguren, denen ein bestimmter Wochentag, ein Planet und ein Tiersymbol zugeordnet sind. Zum Montag gehört der Tiger. Alle an einem Montag Geborenen bringen Opfergaben an diese Stelle und übergießen die dort aufgestellte Buddhastatue mit Wasser.

17 Schrein der acht Buddhas und Planeten.

18, 19 Buddhas auf Symboltieren der acht Planeten und Wochentage reitend. Der Mittwoch gilt als zweigeteilt.

20 Andacht in einem mit Spiegelmosaiken verzierten Tazaung.

21 Junges Mädchen mit Andachtsschirm, das sich vor einer Buddhastatue verneigt.

22, 23 Tempel und Pavillons im östlichen Bereich der Shwedagon.

24 Standbild auf dem Elf-Schreine-Tempel.

25 Dekorierte Stupas, Pyatthats und „Glücksbäume" umgeben das Hauptheiligtum.

26-28 Kapellen auf der Basisplattform. Dazwischen Elefanten- und Löwenskulpturen.

29 Tempel und Hallen im nördlichen Bereich. Im Vordergrund der Elf-Schreine-Tempel. Im Hintergrund (links) die Bibliothek der Zediyingana-Gesellschaft, daneben der Sandawdin Tazaung und der Mahabodi Tempel-

30 Der Mahabodi Tempel fällt in seinem Aufbau völlig aus dem Rahmen burmesischer Sakral-Architektur. Er ist dem buddhistischen Tempel von Bodh Gaya in Indien nachempfunden, in dem Buddha erleuchtet wurde.

31-33 64 kleine Tempel, Buddhas und Nats geweiht und von vergoldeten Pagoden bekrönt, umgeben den großen Stupa der Shwedagon.

32 Bananenknospe mit dem zehn Meter hohen, edelsteinbesetzten Schirm.

33 Stupaspitze vom Yinzi-Gürtel bis zum Seinbu.

34 Glocken werden mit einem Stock geschlagen.

35 Betender Mönch.

36 Tharrawaddy Glocke. Mit 42 Tonnen ist die Glocke König Tharrawaddys aus dem Jahre 1841 die schwerste der Shwedagon.

37 Mahaganta (lauttöndende) Glocke, auch Singu Min Glocke genannt.
Der Konbaung-Herrscher Singu stiftete der Shwedagon die 1779 gegossene, 23 Tonnen schwere Glocke. Für sie wurde auf der Terrasse ein Pavillon errichtet.
Während der Kolonialzeit wurde die Glocke zu einem Symbol burmesischen Nationalstolzes. 1825 versuchten die Engländer, sie als Kriegsbeute wegzuschaffen. Die Glocke versank jedoch während des Transportes im Fluß und konnte von den Kolonialherren nicht gehoben werden.
Den Myanma erlaubten sie dies in der Annahme, daß die nie etwas zuwege brächten, was den Briten mißlungen war. Den vereinten Kräften der Burmesen gelang es jedoch, unter Zuhilfenahme von Bambus. Die mit Blumen bekränzte Glocke wurde zur Shwedagon zurückgebracht und wieder in ihrem Pavillion aufgestellt.
Max Dauthendeys asiatische Novelle „Der Kuli Kimgun" behandelt das Ereignis.

38-45 Kaba Aye Pagode.

38 Andachtsnische der Kaba Aye Pagode.

39 Kaba Aye Pagode (Weltfriedenspagode).
Aus Anlaß des 2500. Jahrestages von Buddhas Eingang ins Nirvana fand in Yangon die Sechste Buddhistische Synode statt. Für die zweijährige Veranstaltung wurde diese Pagode gebaut sowie eine künstliche Grotte angelegt.

40, 42 Buddhastatuen in der Kaba Aye.
Fünf im Kreis angelegte Eingänge führen zu den jeweils 2,40 Meter großen Figuren.

41 Halle der Kaba Aye.

43 Vor der Kaba Aye werden Vögel zum Kauf angeboten. Als Segenswerk kann man ihnen nach Erwerb die Freiheit schenken.

44 Gläubige bei der Verehrung Buddhas in der Kaba Aye.

45 Elefantengesichtiges Buddhastandbild in der Kaba Aye.

46-49 Kyauk Htat Gyi Pagode.

46, 47 Kopf und Füße Buddhas in der Kyauk Htat Gyi Pagode.

48 Liegender Buddha in der Kyauk Htat Gyi. Hinter einem unscheinbaren Portal präsentiert sich fast schmucklos und riesengroß die Kyauk. Der liegende Buddha im Innern hat mit 70 Metern Länge gewaltige Ausmaße. Ursprünglich 1906 geschaffen, wurde das Standbild Ende der 60er Jahre erneuert.

49 Almosenspende zu Füßen Buddhas.

50-52 Botataung Pagode.

50, 52 Vor allem wegen ihres originellen Aufbaus lohnt die Botataung Pagode einen Besuch. Der ursprüngliche Bau wurde im Krieg von einer Bombe getroffen. Aus der Ruine barg man kostbare Reliquien, die später durch einen legendären Zahn Buddhas ergänzt wurden. Das Innere des Stupa ist jetzt hohl, in tortenstückartige Segmente unterteilt und vollständig mit Spiegelmosaiken verkleidet, was einen unwahrscheinlichen Effekt verursacht.
Gänge bieten Gelegenheit zur Meditation.

51 In Wandvitrinen sind Schätze der Pagode ausgestellt.

53-79 Yangoner Stadtansichten.

53-58 Markthalle in Yangon.
Hier kann man alles kaufen, was das Herz begehrt. Schattig, mit überdachten Hallen und gepflastertem Boden zählt dieser Markt zu den schönsten und komfortabelsten Einkaufsstätten, die das „alte" Asien noch zu bieten hat. Ganz Yangon kauft hier gerne ein.

53, 55 Nonnen beim Almosengang.

56 Lackwarenhändler.
Bereits um 1700 hatte sich in Europa eine Vorliebe für ostasisatische Lackarbeiten entwickelt, und auch heute sind sie ein farbenprächtiges Souvenir. Der bunt geschliffene Flachlack wird fast ausschließlich bei der Fertigung von Gefäßen und Behältern des profanen Bereiches, z.B. Speisegefäßen, Wasserbehältern, Tee- und Betel-Dosen, Tellern, Tabletts u.v.m. verwandt. Vergoldete Relieflacks auf Holzbasis findet man vorwiegend bei Opfer- und Altargefäßen, Buddhastatuen, Altären, Thronsesseln und Buchdeckeln religiöser Bücher.

59 Straße in Yangon, links Markthallengebäude.

60 Fähre auf dem Yangon.

61-63 Hafen, Mandalay-Dampfer Mohle.
Zwischen Mandalay und Yangon pendelt ein Luxusdampfer. Mit dem Schiff zu reisen, ist zwar sehr schön, kostet allerdings viel Zeit.

64 Strand Hotel.
Eines der legendärsten Kolonialhotels Südostasiens mit großer Vergangenheit.

65 Shia Moschee.
Je nach Herkunft errichteten die Muslime eigene Moscheen. So auch die Schiiten aus dem Iran.

66 Gebäude im Kolonialstil.

67-69 Im Foyer des Strand.
In der Bar werden hervorragende Cocktails serviert.

68 Saung-gauk Spielerin.

69 Patala Spieler.
Das Patala ist ein Xylophon aus Bambus.

70 Kandawgyi See, der Königliche See.
Der See ist nicht weit vom Stadtzentrum entfernt. Der Bogyoke Aung San Park erstreckt sich um den See und wird von der Bevölkerung gern zum Picknicken aufgesucht. Man hat von hier aus einen sehr schönen Blick auf die Shwedagon Pagode. Daneben ist die von Präsident Ne Win erbaute Maha Wizaya Pagode zu erkennen.

72 Karaweikschiff im Kandawgyi See.

71, 73 Maha Bandola Straße, nahe der Sule. Sie ist nach einem General aus dem Ersten Anglo-myanmarischen Krieg benannt. Rechts die Immanuel Baptist Church.

74, 75 „Willkommen in Myanmar, dem Goldenen Land", links das Maskottchen des Tourismus-Jahres 1996.

76 Denkmal in der Gartenstadt von Yangon vor einer Militäreinrichtung.

77 Gebäude des Obersten Gerichtshofes im viktorianischen Stil, am Bandola Park gelegen.

78 Markt am Hafen.

79 Yangoner Sammeltaxi.

80-91 Sule Pagode.

80, 81 Inmitten eines Verkehrskreisels gelegen, ist die Sule Pagode mit 48 Metern immer noch das höchste Gebäude im Zentrum der Hauptstadt. Von der Sule Pagode ausgehend, legten die Briten das Straßennetz Yangons an. Der vergoldete Stupa der Sule ist der Orientierungspunkt im Herzen der Stadt. Straßencafés liegen ringsum, Festzüge beginnen und enden hier, häufig finden Konzerte zwischen Pagode, Rathaus und Oberstem Gerichtshof statt.
Der Legende nach soll die Sule schon drei Jahrhunderte v. Chr. erbaut worden sein. Ihr Stil spricht für eine Entstehungszeit zu Beginn der Mon-Herrschaft, d.h. daß sie annähernd zweitausend Jahre alt sein kann.

82 Eingangshalle der Sule Pagode.

83 Blick auf den Stupa der Sule, dessen achteckiger Grundriß, eine typische Eigenart der Mon-Architektur, sich bis zur Spitze hin fortsetzt.
Davor ein sogenannter Planetenposten, an dem jeweils an einem bestimmten Wochentag Geborene ihr Opferwerk verrichten.

84 Pyatthat, mit Holzschnitzwerk verzierter Turm eines der Tempel der Sule.

85 Spitze der Sule-Glocke. Zwischen Lotosblütenblättern sind umgestülpte Almosenschalen wie Perlen an einer Kette aneinandergereiht. Darüber ragt die längliche Bananenknospe, die von dem Ehrenschirm, dem Hti, bekrönt wird.

86, 87 Von Gläubigen gespendete Goldblättchen werden in einem „mythologischen Vogelgefährt" zur Werkhütte des Handwerkers befördert, der damit den Stupa vergoldet.

88 Hallen und Tempel im Eingangsbereich der Sule-Plattform.

89 Gläubige vor einem Schrein.

90 Rituelle Waschung einer Buddhastatue.

91 Meditation in einer der kleinen Kapellen der Sule.

Bago und der Goldene Felsen

92-94 Shwemawdaw Pagode.

92 Die Shwemawdaw Pagode ist seit der Gründung Bagos das Haupttheiligtum und Wahrzeichen der Stadt. Nach einer Legende wurde sie von zwei Kaufleuten noch zu Lebzeiten Buddhas errichtet. Dieser hatte ihnen einige Haare geschenkt. Zuerst war die Shwemawdaw 25 Meter hoch, dann erhöhte sie König Dhammaceti auf 50 Meter.
1930 durch ein Erdbeben schwer beschädigt, wurde sie nach der Restaurierung 1952 nochmals vergrößert und ist heute 115 Meter hoch, also ca. 10 Meter höher als die Shwedagon Pagode in Yangon.
1954 erhielt sie einen mit Diamanten besetzten Schirm.

93 Mächtige Wächterlöwen schützen die Pagode in ihrem Maul sitzen kleine goldene Figuren.

94 Der Stupa der Shwemawdaw steht auf einer achteckigen Basis und hat an jeder Ecke einen

Gebetsplatz mit dem jeweiligen Planeten. Der Stupa soll mit eineinhalb Tonnen Gold bedeckt sein.

95-100 Hinthagone Hügel.

95 Aufgang zum Hinthagone Hügel. Der Legende nach war die Spitze dieses Hügels einst eine winzige Insel, der die Stadt ihren früheren Namen, Hamsavati, nach der indischen Wildgans, die in Sanskrit „hamsa" heißt und in der indischen Mythologie das Reittier des Gottes Brahma ist, verdankt. Dieser Vogel war Emblem der Mon-Könige. Einst war die Gegend um Bago vom Meer bedeckt, heißt es, nur ein kleiner Fels ragte aus dem Wasser. Gerade ein Hamsavogel konnte darauf stehen. Die Gefährtin fand nur auf seinem Rücken Platz. (Noch heute wird behauptet, daß die Mon-Frauen das Sagen haben.)

96 Nat-Schrein unterhalb der Hauptplattform. Außer für Blumen und Früchte sind Nats auch sehr empfänglich für Geldscheine.

97, 98 Altarhalle auf der Höhe des Hügels.

99, 100 Vom Hinthagone Hügel aus hat man einen schönen Blick auf die Stadt und die Kuppel der Shwemawdaw.

101, 102 Straße in Alt-Bago und Bago-Fluß.
Zu Beginn des 9. Jahrhunderts gründeten zwei Mon-Prinzen aus Thaton die Hafenstadt Bago. Die Erorberung des Mon-Reiches durch Anawrahta legte im 11. Jahrhundert den Grundstein für das Erste Birmanische Reich.

103-108 Shwethalyaung Buddha.

103-105 Der Shwethalyaung Buddha ist 55 Meter lang und 16 Meter hoch, ein Ohr mißt 4,50 Meter. Die liegende Darstellung meint immer den sterbenden Buddha. Er blickt entspannt, da ihn das Nibbana erwartet. Der Shwethalyaung Buddha wird König Migadippa dem Jüngeren zugeschrieben und soll im Jahre 994 geschaffen worden sein.
Von Dhammazeti im 15. Jahrhundert und später von Bayinnaung restauriert, überwucherte nach dem Niedergang Pegus (heute Bago) im 18. Jahrhundert der Urwald die Statue. Sie wurde erst im 19. Jahrhundert beim Bau der Eisenbahnlinie wiederentdeckt. Engländer, und zwar britische Ingenieure, erkannten den Wert der Statue und sorgten dafür, daß sie nicht zu Schotter verarbeitet wurde. Man restaurierte sie und baute 1906 zu ihrem Schutz eine eiserne Halle über die Figur.

106 An der Kopfseite der Sklulptur ist Buddhas Leben in Spiegeleinlegetechnik dargestellt. Auf der Rückseite zeigen Malereien einen der ersten Könige Bagos, den seine religiöse Frau zum Buddhismus bekehrte.

107 Auf den Sohlen der entspannt übereinandergelegten Füße sind jeweils 108 Glückssymbole in ein Rad eingearbeitet.

108 Fliegende Händlerin am Eingang des Heiligtums. Ihre Wangen hat sie mit Thanaka-Paste bestrichen. Thanaka ist eine Mischung aus gemahlenem Sandelholz, gelber Baumrinde und Wasser. Nicht nur als Schönheitsmittel wird es benutzt, es soll auch gegen Sonnenbrand schützen.

109-113 Kyaikpun Pagode.

109 Birmanisches Mädchen.

110, 111 Die Kyaikpun Pagode liegt, 1476 von Dhammaceti erbaut, unweit von Bago, etwas abseits der Straße Bago-Yangon.

112, 113 Die 30 Meter großen, um einen Pfeiler gruppierten Buddhafiguren sind die Buddhas unseres Zeitalters. Im Norden Gautama, seine Vorgänger Kakusandha im Osten, Konagammana im Süden, Kassapa im Westen. Die Figur im Westen, die nach einem Erdbeben eingestürzt war, wurde erst 1930 wieder aufgebaut. Der Legende nach hatten vier Mon-Schwestern einen Eid geleistet, niemals zu heiraten. Eine tat es doch, worauf schon in früherer Zeit eine Statue zusammenstürzte.

114, 116 Nagayon Anlage.

114 Die Nagayon Anlage oder Pagode ist in ihrer Art einzigartig. Ein mythischer Naga, halb Drache, halb Schlange, trägt eine Buddhafigur, die er mit seinem Kopf beschirmt. Naga, der fußlose Drache, oft in Gestalt einer Kobra, steht für Wohlstand.

115 Astrologische Schutztiere umstehen die Anlage.

116 Mönche mit Novizen beim morgendlichen Almosengang.

117, 118 Allied Memorial Cemetary.

Auf dem Heldenfriedhof von Htaukkyant haben 27000 alliierte Soldaten, die im Zweiten Weltkrieg in Burma gefallen sind, ihre letzte Ruhestätte gefunden. 33420 Soldaten insgesamt sind hier begraben. Ihre Gräber werden auf dem Gedenkfriedhof von der Commonwealth Imperial War Graves Commission betreut. Inder, Gurkhas und Kachin aus der britischen Armee sind in einer offenen Säulenhalle bestattet. „Sie starben für die ganze freie Welt", lautet die Inschrift in der jeweiligen Sprache.

119-131 Weg zum Goldenen Felsen.

119-122 Junge Birmaninnen mit thanakgefärbten Wangen.

123 Kinder in einer Hütte am Pilgerpfad.

124-130 Ausgangspunkt für einen Besuch des Goldenen Felsens ist die kleine Stadt Kyaikto. Sie ist eine verschlafene Provinzstadt. An der Hauptstraße liegen zahlreiche Läden, Garküchen und Restaurants. Von hier aus führt der Weg an Ölpalmen, Cashewnuß- und Gummibaumplantagen vorbei.

131 Über sieben Bergrücken windet sich der Pfad dann durch Bambusdschungel bis auf annähernd 1200 Meter.

132-147 Kyaikhtiyo Pagode.

132 Pilgerziel im südburmesischen Regenwaldgebiet: der Goldene Felsen, die Kyaiktiyo Pagode.

133 Kleine Pagode am Wegrand.

134 Träger aus dem nahen Dorf tragen die Gepäckstücke der Pilger zur Pagode.

135 Eingangstor zum Sakralbereich des Goldenen Felsens.

136 Andächtige Nonnen.

137 Mönch, der seinen kahlgeschorenen Kopf gegen die Sonne mit einem Tuch schützt.

138-140 Der legendäre Goldene Fels droht von der Klippe hinabzustürzen, aber eine Haarreliquie Buddhas sorgt für die Balance.

Die Pagode wurde angeblich schon zu Buddhas Lebzeiten geschaffen. Einem in den Bergen lebenden Einsiedler hatte Buddha eines seiner Haare geschenkt. Dieses Haar verwahrte der in dem Haarknoten auf seinem Kopf. Nur in eine Pagode, die auf einem Felsen stand und seinem Kopf ähnelte, wollte er das Haar geben. Einen solchen Felsen schaffte man mit Hilfe von Thagyamin, dem König der Nats, auf den Berg und errichtete darauf die Kyaiktiyo Pagode. Das Boot, mit dem der König der Nats den Felsen herbeischaffte, versteinerte dann zur nahegelegenen Kyaukthanban Pagode.

141 Hinter dem Pagodenplateau aus Bambus errichtete Pilgerhergen. Insbesonders zu Vollmondnächten machen sich viele tausend Pilger aus allen Landesteilen auf die beschwerli-

che Reise. Handelt es sich bei dem Goldenen Felsen doch um den unbestritten bekanntesten Wallfahrtsort des Landes.

142 Pilger kleben Blattgoldblättchen auf den Findlingsstein. Frauen dürfen nur aus der Entfernung zuschauen.

143 Mit knapp 6 Metern ist der Aufsatz der Kyaiktiyo Pagode relativ klein.

144 Betender Pilger vor der vergoldeten Statue eines Wandermönches.

145 Andachtshallen auf dem Felsplateau. Klöster, Gasthäuser und Andenkenstände befinden sich in der näheren Umgebung.

146 Einheimische entrichten dem Nat Bo Bo Gyi, dem Wächter des Weges und der Berge, ihre Spende.

147 Die Basis der großen Felspagode ist mit goldenen Lotosblüten-Blättern dekoriert.

Bagan · Königreich der Tempel.

148-274 Bagan (Pagan).

Bagan, das am linken Ufer des Irrawaddy in der Trockenzone Zentralburmas liegt, ist der bedeutendste historische Bereich des Landes. Während zweieinhalb Jahrhunderten, in denen das burmesische Reich den Zenith seiner Macht erreichte, war dort die Hauptstadt. In Bagan entrichtete die Frömmigkeit des Volkes ihren größten Tribut, und hier erlebten burmesische Kunst und Literatur ihre Blüte. Die frühe Geschichte jedoch ist unsicher. Traditionellerweise wird angenommen, daß Bagan ursprünglich ein Zusammenschluß von 19 Dörfern war, und die Dynastie von 55 Königen bis ins frühe 2. Jahrhundert zurückreicht. Erst in der Mitte des 11. Jahrhunderts treten greifbare Fakten anstelle der legendenhaften Annahmen.

Die eigentliche Geschichte der Dynastie von Bagan beginnt mit der Machtergreifung von Anawratha (1044-1077), während dessen Regierung Bagan in Burma die Vorherrschaft erlangte. Bagan, damals als Pukam bekannt, hatte auch einen klassischen Namen, Arimaddanapura. Obwohl in der Trockenzone gelegen, beherrschte es durch seine strategische Position die Reisfelder von Kyaukse im Nordosten und Minbu im Südwesten. Von hier aus einigte Anawratha das ganze Land politisch. Nach dem Sieg über das Mon-Reich von Thaton beschaffte er sich die Pali-Schriften des Theravada-Buddhismus, welche der frühere König Manuha, ihm zu geben, sich geweigert hatte. Zusammen mit dem gefangenen König bracht Anawratha zahlreiche Mon-Architekten, Künstler und Handwerker von Thaton mit und begann, in Bagan beeindruckende Pagoden zu bauen. Der religiöse Eifer setzte sich bei seinen Nachfolgern mehr als zwei Jahrhunderte lang fort, eine Periode, in der Pagoden und Tempel unterschiedlicher Größe von den Königen und dem Volk errichtet wurden.

Die Ruinen von Bagan bedecken eine Fläche von 42 Quadratkilometern. Innerhalb der Bauwerke, die weitgehend aus Backsteinen und Stuck gearbeitet sind, bilden drei Seiten der Stadtmauer mit dem Tharabha Tor die einzigen Überbleibsel der Profan-Architektur. Wenngleich Bagan einen eigenen, typischen Baustil für Pagoden und Tempel entwickelte, finden sich darin Elemente der Pyu- und Mon-Architektur, wie sich an Beispielen aus Srikshetra und Thaton erkennen läßt. Die Basis der Pagoden und einige Elemente, wie der Sikhara und die Kalasha-Vasen in Form eines Miniaturstupas sowie die Kirttimukha-Friese (Dekorationen in Stein oder Stuckarbeit von Ogre-

Köpfen) kommen aus dem buddhistischen Indien. Aber im ganzen gesehen unterscheiden die Pagoden sich deutlich von den indischen und bezeugen das eigene, ästhetische Temperament der Burmesen.

Paul Strachan unterscheidet bei den Bauten Pagans drei Stilepochen: Die Frühe Periode etwa von 850 bis 1120, die Mittlere Periode von 1120 bis 1170 und die Späte Periode von 1170 bis 1300.

Die Ruinen der alten Stadt liegen in einem weiten Bogen von etwa 20 Kilometer am linken Ufer des Ayeyarwaddy, der wie ein mattes Samtband in der grünen Landschaft schimmert. Heute sind im Territorium von Pagan nur noch sieben Dörfer inmitten der zahlreichen Tempel und Pagoden zu finden.

„Vom Fluß aus gesehen, konnte man all das für die Szenerie von einem anderen Planeten halten, so phantastisch und erdfremd war die Architektur," urteilte Henry Yule 1855.

148-162 Shewzigon Pagode.

148 Kuppel des zentralen Stupa, davor Goldblumen in einer Kalasha-Vase.

149 Shwezigon Pagode. 11. Jahrhundert.

Sie ist eines der bedeutendsten Heiligtümer des Landes und Prototyp aller burmesischer Pagoden, zu der jeder Birmane einmal pilgert. Die Shwezigon liegt in Nyaung U, dem größten Ort in der nördlichen Ebene von Bagan, direkt am Ayeyarwaddy. Sie wurde erbaut, wo der weiße Elefant des Königs am Ufer niederkniete.

Mit der Shwezigon im Norden und vier weiteren Heiligtümern (Lokananda im Süden, Tanchidaung im Westen, Tuwindaung im Osten und Shwesandaw im Zentrum) steckte Großkönig Anawrahta sein Gebiet ab. Er begann den Bau 1059 und baute die unteren Terrassen. Sein Nachfolger Kyansittha vollendete die Pagode 1090 oder 1110 durch Hinzufügung des Aufbaus.

Die erbeuteten Reliquien der Mon und die von Anawrahta der von ihm geöffneten Bawbawgyi Pagode in Srikshetra entnommenen Reliquien, ein Stirnknochen Buddhas und die Kopie eines Zahnes aus Sri Lanka, ließ er in die Shwezigon einschließen, sozusagen als Zeichen, daß Bagan die Herrschaft der Mon und der Pyu übernommen habe.

150 Spitze der Stupakuppel vom Ehrenschirm bis zur Windfahne.

151-155 Vier Treppen führen über drei rechteckige Terrassen zu einer achteckigen Basis, auf der der vergoldete Stupa, dickbäuchig und massiv, steht. An den vier Ecken der oberen Terrasse befinden sich kleine Kopien der Shwedagon.

Viele Tempel, hölzerne Pavillons mit prachtvollen Pyatthats, Schreine, Amosenschalen aus Stein und Kalasha-Vasen mit vergoldeten, glückbringenden Bäumchen und Blumen gruppieren sich um die Pagode herum, deren Ecken von vergoldeten Löwen bewacht werden.

Die den Eckstupas und Türmchen übergestülpten „Hauben" dienen als Schutz bei den gerade vorgenommenen Neuvergoldungen.

156 Mit reichen Schnitzereien verzierter Pyatthat (mehrstöckiger Tempelturm mit zurückspringenden Dächern).

157 Detail des Tempelturmes: Figur eines Nat mit darüber thronendem Vogel.

158-160 Holzgeschnitzte Figuren im Yokeson Tazaung, nahe dem Südaufgang, erzählen Jatakas, z. B. die Ausritte des Prinzen Siddharta und seine Begegnung mit dem Alter.

Der Yokeson Tazaung ist für seine schönen Holzschnitzereien berühmt.

161 Aus Bronze geprägte Großfigur eines Buddhas unseres Zeitalters. Den vier Buddhas unseres

Zeitalters errichtete man jeweils an einer Seite einen Tempel: Kakusandha im Norden, Konayamana im Osten, Kassapa im Süden und Gautama Buddha im Westen.

162 Tempelhalle der Shwezigon.

163 Shwesandaw Pagode.

163 Die Shwesandaw Pagode, 11. Jahrhundert, liegt südlich der Stadtmauer, zwischen Alt-Bagan und Myinkaba. Sie ist nicht nur ein gewaltiges Reliquiar, sondern auch das Monument einer erfolgreichen Militärkampagne König Anawrahtas und Symbol von Bagans Übergang vom lokalen Fürstentum zum Imperium.

Sie zählt zu den fünf Heiligtümern, mit denen König Anawratha sein Herrschaftsgebiet absteckte.

Erbaut wurde sie nach der Eroberung Thatons, um eine aus dem Mon-Land entführte Reliquie aufzunehmen, der sie ihren Namen verdankt, der „Pagode der Haarreliquie" bedeutet.

Steile Treppen führen über fünf hohe Terrassen zu dem glockenförmigen Stupa, der auf einer achteckigen Basis steht. Sie ist der erste in dieser Form als Pyramide gestaltete, architektonisch voll entwickelte Bagan-Stupa.

164, 165 Pagoden bei dem Dorf Myinkaba.

166-168 Nanhpaya Tempel

166, 167 11. Jahrhundert, bei Myinkaba.

Nanhpaya ist, nebem dem Kyaukku Umin, der einzige Tempel, bei dem weitgehend Stein zum Bau verwandt wurde, ein weicher Sandstein in einem warmen Farbton und von einer guten Beschaffenheit. Der Nanhpaya, in Form eines Vierecks mit einem auslaufenden Vorbau gebaut, ist in seiner Art ein „perfekter" Gu-Tempel. Er soll in der Regierungszeit Anawrahtas entstanden sein. Das würde bedeuten, daß es der erste freistehende „Höhlen-Tempel" Bagans ist.

Die mit reicher Stuckornamentik verzierten, perforierten Fenster (166) filtern und rationieren das in die Halle hereinfallende Licht.

Die Legende will wissen, daß der Tempel der Palast des gefangenen Mon-Königs Manuha während der Zeit seines Exils in Bagan gewesen ist.

168 Brahma auf einer Lotosblüte sitzend. Relief eines der Steinpfeiler, die die Deckenkonstruktion tragen.

169, 170 Kyaukku Umin Tempel.

169 11. und 13. Jahrhundert.

Der Name bedeutet „Felsenhöhlentempel". Östlich von Nyanug U gelegen, ist er schwierig zu erreichen, am besten mit dem Boot. Tunnelpassagen des in eine Klippe gebauten Tempels führen in dunkle, stille Zellen und Nischen zur Meditation. Lange Zeit war der Kyaukku Umin Zufluchtsstätte für aus Sri Lanka und Bago geflüchtete Mönche, entthronte Könige und Adlige.

Wahrscheinlich zeitgleich mit dem Nanhpaya (1060/70), ist er einer der beiden ältesten Bagan-Tempel.

„Ein Gefühl unbeschreiblicher Einsamkeit überkommt einen hier...", schrieb Emil Forchhammer 1891.

Das Standbild des auf einem Lotosthron sitzenden Buddha ist annähernd sieben Meter hoch. Es steht in der quadratischen Tempelhalle gegenüber dem Eingang.

Große Standbilder, Erbe der Pyu und wahrscheinlich der Arakanesen, sind bei den Burmesen bis heute beliebt.

„Vor dem Supremat und der Allmacht des Buddha in anthropomorpher Form wird der Betrachter, ob Buddhist oder nicht, demütig wie die beiden gemalten Adoranten rechts und links von ihm." (Paul Strachan)

170 Klostervorsteher und ältester der beiden derzeitigen Mönche.

171, 172 Manuha Tempel.

171 11. Jahrhundert, bei Myinkaba.
Er ist nach dem gefangenen Mon-König benannt, von dem gesagt wird, er habe ihn als Büßer gebaut, nachdem Anawrahta ihm seine Dhamma-Kräfte genommen hatte.
Die blockhafte Form steht dem Kyaukku Umin nahe und deutet auf zeitgleiche Enstehung. Wenn der Tempel kurz nach der Niederlage von Thaton im Jahre 1060 entstanden ist, muß sein äußeres Erscheinungsbild während der Mittleren und Späten Bagan-Periode substantiell erneuert worden sein.

172 Im zentralen Heiligtum sitzt, eng ummauert, eine riesige Buddhafigur, die das ganze Innere ausfüllt. Nach Meinung der Dorfbewohner spiegelt sie die Gefühle des gefangenen Königs von Thaton wider. Riesige, von Putz und Mauerwerk umschlossene Buddhafiguren sind eine Eigenheit der Mon-Architektur.

173 Nagayon Tempel.

Links mit weißer Spitze, 11./12. Jahrhundert, bei Myinkaba.
Nach der Legende heißt es, Htitlaingshin schlief allein auf einer Wiese, wo Pferde grasten, als er vor dem Zorn König Sawlus geflohen war. Eine Naga wachte über ihn. Als er später König Kyansittha wurde, erbaute er an dieser Stelle die Nagayon Pagode, deren Namen „Tempel, der von einer Schlange beschirmten Buddhafigur" bedeutet. Sicher kann man das in Anlehnung an die Legende vom Schlangenkönig Muchalinda sehen, der einstmals den meditierenden Buddha vor einem Unwetter beschirmte. Dies berichtet die Glaspalastchronik.
Im zentralen Heiligtum befinden sich drei stehende Buddhafiguren. Hinter der Hauptfigur ist in späterer Zeit die den Buddha beschützende Schlange gemalt worden.

174, 175 Kubyaukgyi Tempel in Wetkyi-in.

12./13. Jahrhundert.
Die genaue Entstehungszeit der „Großen farbigen Höhle" in dem Dorf Wetkyi-in ist nicht bekannt. Der Gestalt des Silkhara nach könnte der Tempel in der Regierungszeit von Nadaungmya (1211-1234) gebaut worden sein. Die pyramidenförmige Spitze erhebt sich über dem Hauptquader, eine architektonische Idee, die wahrscheinlich vom Mahabodhi Tempel in Bodh Gaya in Indien übernommen ist. Der Wetkyi-in Gubyaukgyi ist berühmt wegen seiner schönen Malereien, die die Innenwände zieren (vgl. 194-196).

176-178 Abeyadana Tempel.

176 Anfang 12. Jahrhundert, bei Myinkaba.
Der Abeyadana Tempel wurde 1102/03 von König Kyansittha (1084-1130) an der Stelle erbaut, wo Abeyadana, seine Hauptfrau, eine indische Prinzessin, auf ihn gewartet hatte, als er vor dem Zorn König Sawlus (1077-1084), seines Halbbruders, geflohen war.
An der Westseite der Straße Myinkaba-Thiryapitsaya gelegen, ist der Abeyadana Tempel ebenso wie der gegenüberliegenden Nagayon, dem er nicht nur durch die Lage, sondern auch in Form und Stil nahesteht, auf den Königspalast ausgerichtet.

177, 178 Verschlossene hintere Eingangspforte des Tempels mit typischer Stuckverzierung, darüber befinden sich Steinreliefs. Es sind Darstellungen von Bodhisattvas (?), die Lotosblüten in

Händen halten und im Stil Verwandschaft mit Indien verraten.

179-191 Ananda Tempel.

179-181 Der großartige Ananda Tempel ist das im 11. Jahrhundert geschaffene Meisterwerk des dritten Königs von Bagan, Kyansittha (1084-1112). Der Name wurde nicht nach dem Leibdiener Buddhas gewählt, sondern ist die Verballhornung des Paliwortes „anantapannya", das „endlose Weisheit" bedeutet.

Mönche hatten dem Herrscher vom Berg Ghandamadana und den Meditationshöhlen erzählt. Nach diesem Vorbild, der Nandamula Höhle, ließ Kyansittha den Ananda Tempel bauen.

Der Grundriß entspricht einem griechischen Kreuz. Vier Gänge führen zum massiven Kern. Die Kreativität der Baumeister von Bagan findet in diesem frühen Beispiel eine gelungene individuelle Verbindung der Eigenheiten indischer Architektur mit dem eigenen Stil.

Zwar war die Mon-Sprache, die „lingua franca" des frühen Bagan, sie wurde auf allen Inschriften Kyansitthas verwandt, dennoch wäre es ein Irrtum zu glauben, daß die gesamte Mon-Kultur nach Bagan verpflanzt worden wäre. Wie Paul Strachan (Pagan. Art and Architecture of Old Burma, Oxford 1996) nachgewiesen hat, ist in der Architektur und der Ikonographie Bagan das Erbe der Pyu, nicht der Mon.

Die Feststellung, die man allenthalben in Reiseführern findet, der Ananda Tempel sei das prächtigste Beispiel der Mon-Baukunst, ist also so nicht zutreffend.

Aber der Ananda Tempel ist vielleicht Bagans schönster Tempel, sicherlich aber der für Birmanen und Touristen anziehendste und populärste.

Er liegt im Osten kurz vor den alten Stadtmauern und bestimmt mit seinen weißen Sikharas das Bild Bagans. Der bienenwabenähnliche, 51 Meter hohe, zentrale Sikhara wird von einer goldenen Pagodenspitze gekrönt, die zwecks Neuvergoldung gerade eingerüstet ist.

182 Kleiner, strohgedeckter Tempel innerhalb des Ananda Bezirks.

183, 184 Bhodhisattva-Figuren in Mauernischen des Innenhofs.

185 Sikhara. Auf der Spitze des Tempelturms ist eine kleine Pagode, die, 51 Meter über der Ebene, den Bau krönt.

186 Wächterlöwe an einer Terrassenecke.

187 Novize mit Almosenschale.

188-191 Aus Holz geschnitzt, mit Stuck ummantelt und vergoldet: die vier Buddhas unseres Zeitalters, etwa 9 Meter groß.

192, 193 Fresken im Ananda Kloster.

194-196 Tempelfresken in Bagan, die Jatakas erzählen.

197-202 Weg zum Dhammayangyi Tempel.

Schnappschüsse, aufgenommen zwischen dem Ananda und dem Dhammayangyi Tempel.

203-209 Dhammayangyi Tempel.

203 Schrein im Dhammayangyi Tempel.

204 Das Aussehen des nur einstöckigen Tempels, dem sechs steil übereinander liegende Terrassen aufgesetzt sind, die dem Bau das Aussehen einer Stufenpyramide verleihen, wird von horizontalen Linien geprägt. Als Tempel des Griechischen-Kreuz-Typs folgt die Anlage dem Ananda, geriet aber wuchtiger, und es fehlt die Harmonie des zum Himmel strebenden Vorbilds.

Dhammayangyi gilt als der am besten erhaltene aller Bagan-Tempel. Er liegt südöstlich von Alt-Bagan und nordöstlich von Myinkaba.

Aus zeitgenössischen Inschriften weiß man, daß eine Widmung von Prinzessin Ajawlat, vielleicht eine Tochter Sithus I., in der Nordhalle des Tempels aus dem Jahr 1165 stammt, der Bau also vor 1165 begonnen worden sein muß.

Da Sithu I. 1169/70 gestorben ist, wie man seit kurzem weiß, und nicht schon 1155/60, wie man lange angenommen hat, kommt er als Erbauer in Betracht und nicht sein Sohn Narathu, der seinen Vater erdrosselte und als Usurpator den Thron bestieg. Er habe, so nahm man an, als Sühne für den Mord an seinem alten Vater den Tempel erbaut. Zutreffend dagegen ist, daß er den Bau fortgeführt hat.

Der Tempel ist bekannt für sein perfektes Mauerwerk ohne Mörtel. Narathu ließ angeblich jedem Maurer die Hand abhacken, wenn auch nur eine Nadel zwischen zwei Ziegel paßte. Als grausamer König wird Narathu noch heute gefürchtet.

Er selbst erhielt den Beinamen Kalagya, d.h. „der von den Indern Getötete", weil er von einem Mordkommando im Auftrag des Vaters einer von ihm getöteten indischen Prinzessin umgebracht wurde.

Aufgrund seiner besonderen „Mystik" und der gewaltigen Architektur wagen sich die Dorfbewohner noch heute nachts nicht in die Nähe des Tempels.

205 Das Mauerwerk des Dhammayangyi-Baues zeichnet sich wie bei vielen Pagoden in Bagan durch erstaunliche Perfektion aus. Echte Gewölbe gab es in Bagan schon im 11. Jahrhundert, in Indien erst seit dem Ende des 12. Jahrhundert. Dicke Mauern aus sorgfältig aneinandergefügten Backsteinen, zwischen denen meist nur eine hauchdünne Schicht Lehm als Bindemittel diente, sorgten für die erstaunliche Stabilität dieser riesengroßen Bauwerke. Dank dieser Technik haben viele Pagoden das schwere Erdbeben von 1975 mit dem Epizentrum bei Bagan relativ gut überstanden.

Die Mauern der Bagan-Bauten sind außen mit Stuck verziert. Diesen hat man aus Sand, Kalk, einer Mischung aus Pflanzen und Früchten, Palmzucker und einem Klebstoff aus gekochter Büffelhaut angerührt. Dank dieser speziellen Mörtelmasse blieb der Stuck über Jahrhunderte gut erhalten, wie am Dhammayangyi Tempel zu sehen ist. Die plastischen Bögen über Fenstern und Türen wurden mit Ziegeln vorgeformt, die man anschließend mit Stuck überzog.

206 Nur im Osten führt ein Gang tiefer ins Innere des Tempels, wo seitlich angelehnt an einen Mittelpfeiler, die Skulptur eines sitzenden Buddhas steht.

207 Im Ostschrein, am Ende des Ganges, thront ein mächtiger, farbiger Buddha in Dhyanamudra-Haltung. Es ist die Geste und Position der Meditation, bei der Buddha mit gekreuzten Beinen, beide Fußsohlen nach oben gekehrt, eine Hand im Schoß, die andere in Erdberührungshaltung, als willensstarker Sieger thront (Vajrasana).

Das monolithische Standbild könnte aus der Frühen Bagan-Periode stammen; denn Buddhas mit diesem ernsten Gesichtsausdruck, kurzem Hals und massigem Körper kennt man aus der Zeit Anawrahtas.

Die übrigen Gänge sind vermauert, wobei das Backsteinwerk für eine Zeit unmittelbar nach Errichtung des Tempels spricht, der innen nicht ausgebaut worden ist.

Vielleicht hatte Sithus Durst nach dem vollendeten Tempel Ressourcen und Kraft aufgezehrt, und Narathu stellte den Bau nur äußerlich fertig, um den Vorstellungen des Volkes zu genügen.

208 Standbild der Zwillingsbuddhas im Westschrein.

Von den Hallen, die dem Kubus des inneren Baukörpers vorgelagert sind, ist die westliche am bemerkenswertesten, befindet sich doch in ihr eine seltene Zwillingsbuddha-Skulptur.

Für den Theravada-Buddhisten ist es ein großer Moment, wenn sich die Prophezeiung erfüllt und Buddha den zukünftigen Buddha trifft. Im Mahayana gilt es als das Höchste, wenn zwei Buddhas für einen kurzen Augenblick auf einem Thron zusammensitzen – Symbol sowohl der Kontinuität als auch des Wandels des Dhamma. Darin liegt die Kraft des Buddhismus als Weltreligion.

209 Buddhaskulptur im Nordschrein.

210-213 Seinyet Ama Tempel und Seinyet Nyima Pagode.

213 Die Seinyet Schwestern „leuchten" von einem Hügel südlich der Nagayon, zwischen Neu-Bagan und Myinkaba. Die Seinyet Ama oder „ältere Schwester" (die eine „Gu" oder „Höhle" ist) und die Seinyet Nyima oder „jüngere Schwester" (die eine „Zeidi" oder Pagode ist) sind ein beredtes Zeugnis des Erfolgs der Mittleren Bagan-Periode im Erreichen stattlicher Größe mit einer begrenzten und unpretentiösen architektonischen Palette. Sie sollen in der Regierungszeit Sithus I., also im 12. Jahrhundert, entstanden sein (der Tempel vielleicht etwas später) und sind Bauwerke des Stilübergangs.

Einer volkstümlichen Legende nach, verdanken sie ihre Entstehung der Rivalität zweier Frauen. Die Gemahlin des Königs und ihre Schwiegermutter entschlossen sich einst, einen Streit durch einen Wettkampf im Pagodenbau auszutragen. Die hübsche Prinzessin baute die elegante Seinyet Nyima Pagode, die Schwiegermutter den größeren Seinyet Ama Tempel und gewann damit den Wettstreit.

211 Die Seinyet Nyima Pagode besticht durch den gerippten Steinaufbau über der Glocke, die wahrscheinlich die Harmika darstellen soll, den Reliquienbehälter.

210, 212 Der Seinyet Ama Tempel stammt vermutlich aus dem frühen 13. Jahrhundert.

Von einem Ambulatorium führen zwei Gänge zu Schreinen, in denen mittlerweile stark beschädigte Buddhafiguren sitzen. Eine davon mit halbem Kopf und nur noch einem Arm.

214, 231 Leimyethna Tempelbereich.

Nördlich des Dorfes Minnanthu stehen, in unmittelbarer Nähe und innerhalb des Leimyethna Tempel- und Klosterbereiches, einige bemerkswerte, mehr oder weniger gut erhaltene Zedis und Gus.

Der Leimyethna Tempel selbst wurde von Ananthasuriya, dem Ersten Minister Narapatisithus, erbaut.

Von seinem Amtsvorgänger und Namensvetter, den Narapatisithu hinrichten ließ, stammt eines der schönsten Gedichte dieser Epoche. „…und käme ich frei und entginge der Hinrichtung, dem Tod könnte ich nicht entrinnen, untrennbar bin ich von meinem Karma". Der Henker hatte sein Werk schon vollendet, als der König ihn nach dem Lesen der Zeilen, die heute zum mystischen Literaturschatz Myanmars gehören, begnadigen wollte.

214 Pagoden im Umfeld des Leimyethna Bereiches, vermutlich spätes 13. Jahrhundert.

Bemerkenswert, mit welcher Leichtigkeit sie sich von der massiven Basis aus bis zur himmelwärts weisenden Spitze verjüngen: Symbol des Geistes, der, dem Erdhaften entrückt, „Erleuchtung" erlangt.

231 Tempel der Späten Bangan-Periode.

Der linke klar in der Form: Auf einem Kubus, dem Türen mit Stuckeinfassung vorgesetzt sind, bilden drei niedrige, zurückspringende Steinetagen die Basis für einen viereckigen, bauchig gewölbten Sikhara mit aufgesetzter weißer Spitze.

Der Tempel rechts stellt eine Weiterentwicklung dieser Grundform dar. Doppelte Türfassungen gliedern, zweifach vorspringend, die Wandflächen. Fenster im Obergeschoß und kleine Eckstupas greifen dies auf und führen die vielfältigen, senkrechten Strukturen bis zum Sikhara, in dessen Spitze sie zusammenfinden und kulminieren.

Dem monumentalen Ywanhaungyi ähnlich, beeindruckt der Tempel durch eine „Vergeistigung" des Steins, die die Spätzeit Bagans in ihren Bauwerken erreicht und die man als „myanmarische Gotik" bezeichnen kann.

215 Thatbyinnyu Tempel.

12. Jahrhundert, Alt-Bagan.

In der äußeren Form ein Spiel von Kuben, ist der gewaltige Tempel das architektonische Meisterwerk des Herrschers Alaungsithu (1112-1169). Er regierte fast sechzig Jahre lang, baute Bewässerungsanlagen, schuf eine einheitliche Rechtsordnung und sorgte für die Stabilität des Reiches.

Der Thatbyinnyu Tempel – der Name bedeutet die „Allwissende" – war vielleicht eines der letzten großen Bauwerke, die Alaungsithu, logisch in der Nachfolge seiner früheren Shwegugyi, gegen Ende seiner Regierungszeit zur Steigerung seiner Verdienste baute.

Auch wenn der Bau nie vollendet worden ist, markiert er die volle Blüte oder sogar den Ausklang der Mittleren Tempelperiode, als Bagan einen seiner kreativsten Momente erreicht hatte.

216 Gawdawpalin Tempel.

12./13. Jahrhundert, Alt-Bagan.

Begonnen unter der Regierung Sithus II. (Narapatisithu 1174-1211), wurde der Gawdawpalin Tempel durch Naundangmya (1211-1234) vollendet.

Die Tempelbasis ist quadratisch, mit überdachten Gängen an den vier Seiten, der Grundriß weist Kreuzform auf. Jedes der zwei Stockwerke hat drei darüberliegende, zurücktretende Terrassen, die mit Girlanden aus pflanzlichen Ornamenten, Perlschnüren, Quasten, grinsenden Ungeheuern und Eckstupas verziert sind. Eine gebogene Turmspitze erhebt sich über der oberen Terrasse, überragt von einem schlanken Stupa.

1975 beim Erdbeben sehr in Mitleidenschaft gezogen, wurde der Gawdawpalin, dessen Gesamthöhe 58 Meter beträgt, zwischenzeitlich renoviert und erhielt zusätzlich eine goldene Spitze.

217, 218 Shwegugyi Tempel.

217 12. Jahrhundert, Alt-Bagan.

Der Shwegugyi Tempel wurde im Jahr 1131 von Alaungsithu erbaut. Der Tempel wirkt elegant und verbindet stilistisch den frühen mit dem späten Stil Bagans.

Die Geschichte des Tempels ist auf zwei Steinplatten, die sich an der Westseite in der Vorhalle befinden, festgehalten. Die Inschrift in Pali teilt mit, daß der Tempelbau am 17. Mai 1131 begonnen und am 17. Dezember 1131 beendet worden ist, die Bauzeit also nur sieben Monate betragen hat.

Charakteristisch für den Shwegugyi sind die großen Fenster, die das Innere hell und luftig erscheinen lassen. Das Tempelgebäude ist quadratisch, mit einer Hauptzelle und zwei gewölbten Nebenzellen. Über dem Hauptbau erheben sich zurücktretende Terrassen mit Stupas an den vier Ecken. Ziergiebel an den Bögen, Pfeiler, Kapitelle und Gesims sind reich mit Stuck versehen. Der Erbauer fand im Tempel ein tragisches Ende. Als König Alaungsithu sehr krank war, brachte ihn sein Sohn zum Tempel, wo er sich erholte. Daraufhin tötete Narathu ihn durch Ersticken.

218 Auf einer hohen Ziegelplattform stehend, ist der Tempel nach Norden ausgerichtet. Eine Treppe an der Nordost-Ecke führt zu ihm hoch.

Rechts hinter dem Shwegugyi der Thatbyinnyu Tempel. Im Vordergrund die Ausgrabungsstätte des Königspalastes. In den runden, mit Backsteinen ummantelten Vertiefungen ruhten die Teakholzsäulen.

219-222 Stadtmauer von Alt-Bagan.

219 Mitte des 9. Jahrhunderts.

Die von der Mauer umgebene Stadt stellte nur einen kleinen Teil der riesigen von den Ruinen gekennzeichneten Fläche dar, was zweifellos darauf zurückzuführen ist, daß sich die Stadt während ihrer Blütezeit weit über die ursprüngliche Einfriedgung ausdehnte und sich dabei so sicher fühlte, daß keine neuen Mauern errichtet wurden. In jenen Tagen trug Bagan den majestätischen Titel „Arimaddanapura“, d.h. „Stadt, die ihre Feinde zertrampelt“.

Innerhalb der damals bewohnten Fläche der Bagan-Ebene finden sich heute, außer der südlich gelegenen Stadt Neu-Bagan und dem von der Mauer umschlossenen Alta-Bagan, nur noch die Ortschaften und Dörfer Nyaung U, Wetkyi-in, Myinkaba, Thiriyapitsaya, Minnanthu und Pwasaw.

Links im Bild ist der Bupaya Stupa zu erkennen.

220 Das Tharabha Tor gewährte Zutritt zu der befestigten Stadt. In den beiden massiven Schreinen, die wie Schilderhäuschen aussehen, stehen die Statuen der Mahagiri-Nats.

Stadtmauer und Tor sind fast das einzige Zeugnis alter weltlicher Architektur, das Bagan besitzt. Die Wohnhäuser, die vielleicht nicht viel anders als die Häuser der heutigen Dörfer aussahen (Hütten aus schmalen Bambusstreifen, die elegant ineinander verwoben sind und dadurch braun-zintronengelbe Musterungen haben), sind seit langem verschwunden. Ebenso versanken die hölzernen Paläste und hinterließen nur einige Bruchstücke der alten gemauerten Plattform, auf der sie gebaut waren.

221 Statue des Mahagiri-Nats Nga Tin Te (auch Maun Tin De), des Schmiedesohnes von Tagaung, der im 4. Jahrhundert mit seiner Schwester den Feuertod erlitten hat. Beide sind seit altersher die Schutzgeister von Bagan.

222 Statue der Nathami Shwe Myethna, der „Herrin mit dem güldenen Gesicht“, der Schwester Nga Tin Tes, des „Gebieters vom Großen Berg“.

224-230 Mingalazedi Pagode

224 Ende des 13. Jahrhunderts, zwischen Alt-Bagan und Myinkaba. Die „Glückverheißende“ machte ihrem Namen wenig Ehre und war der letzte Großbau, der nur eine Dekade vor der mongolischen Ivasion abgeschlossen wurde.

Der Legende nach forderten die gewaltigen Arbeiten von den Untertanen so viel Mühe, daß das Gerücht aufkam, die Fertigstellung der Pagode bedeute auch das Ende des Reiches von Bagan. Und so war es.

Kublai Khan wollte eine friedliche Unterwerfung Bagans, aber Narathihapati (1254-1287) ließ seine Gesandten enthaupten, angeblich weil sie sich geweigert hatten, die Schuhe auszuziehen. Es heißt auch, der König habe 6000 Tempel niederreißen lassen, um die Stadtmauern zu verstärken. Aber alle Bemühungen waren vergeblich.

1287 besetzten Kublai Khans Truppen Bagan. Marco Polo hat den Schlachtverlauf anschaulich in seinem „Il Milione" geschildert.

Narathihapati floh und erhielt den Namen Tayokpyemin, der „König, der vor den Chinesen floh". Er wurde von seinem Sohn vergiftet.

Die Mingalazedi ist eine besonders schön proportionierte Pagode im Stil der Shwezigon von Nyaung U.

Auf einem quadratischen Sockel ruhen drei Terrassen mit Aufgängen an allen vier Seiten. Das Foto gewährt einen Durchblick auf die Ebene von Bagan mit dem Thatbyinnyu.

225 Spitze des Stupa.

227 Eckstupa der dritten Terrasse.

226 Die Terrassen der Mingalazedi schmückten ursprünglich Terrakottatafeln mit sämtlichen 547 Jataka-Erzählungen.

228, 229 Glasierte Terrakotta-Tafeln. Unter dem Bild der Name des dargestellten Jatakas.

230 Blick von der Mingalazedi. Im Hintergrund der Ayeyarwaddy.

232-234 223 Sakralbauten, fotografiert in der Nähe des Dorfes Thiriyapitsaya.

235 Payathonzu Tempel.

Spätes 13. Jahrhundert, nördlich von Minnanthu.

Diese drei Tempel gleichen Aussehens stehen dicht beieinander und sind durch unterirdische Gewölbekeller verbunden. Über einem quadratischen Ziegelbau befinden sich jeweils Terrassen und eine geschwungene Spitze.

236 Buddha in einem Tempel nahe der Shwesandaw.

237-242 Htilominlo Tempel.

240-242 Anfang des 13. Jahrhunderts, Nyaung U.

Der 1183 von Sithu II. erbaute Sulamani Tempel gefiel Htilominlo offensichtlich so gut, daß er, wohl kurz nach 1211, einen zweiten Tempel im gleichen Stil bauen ließ. Mit 46 Metern ist er einer der größten Bagans und beherrscht majestätisch die Straße zwischen Alt-Bagan und Nyaung U.

Der Tempel steht an der Stelle, wo der königliche Ehrenschirm (Schirmorakel) in wunderbarer Weise einen Prinz von niederem Rang zum Nachfolger Narapatisithus erwählte. Htilominlo bedeutet dementsprechend auch „Der durch den Ehrenschirm erwählte König". Eigentlich hieß der König Naundangmya. Dieser Name taucht im Tempel mehrmals als Inschrift auf.

237-239 Buddhastatuen in Schreinen des Htilominlo Tempels.

243-249 Ywahaunggyi Tempel.

243 13. Jahrhundert, östlich von Alt-Bagan, westlich von Wetkki-in.

Der Ywahaunggyi oder Lawkahmankin Tempel, der ein wenig abseits der neuen Straße nach Nyaung U östlich des Ananda Tempels steht, ist nicht nur einer der bekanntesten großen Tempel, sondern gilt auch als einer der am besten restaurierten. Er ist ein gutes Beispiel eines späten Zweistockwerk-Tempels, bei dem das breit Ausladende der bastionsgleichen Tempel zurückgenommen, die Terrassenbildung weniger auffallend ist und der obere Schrein sowie der vorspringende Umgang stromlinienförmiger angelegt sind. Die blockhafte Basiseinheit und das obere Stockwerk werden von den hervortretenden Teilen nahezu verdeckt bzw. verkleidet. So entsteht ein Eindruck von Leichtigkeit, der über die monumentale Größe des Baues hinwegtäuscht. Die Terrasse bietet einen herrlichen Ausblick, und als Größenvergleich können die dort Stehenden dienen.

244-246 Pagoden im Umfeld des Ywahaungyi Tempels, von seiner Terrasse aus gesehen. Auf Bild 244 rechts der Thathbyinnyu Tempel.

247-249 Ananda Tempel und Thathbyinnyu Tempel bei Sonnenuntergang.

250-274 Leben in und um Bagan.

250-252 Lackwarenherstellung erfordert von der Anfertigung der hölzernen oder aus Bambus geflochtenen Form über das mehrfache Bestreichen mit Lack bis zur Bemalung viel handwerkliche Geschicklichkeit.

253-260 Marktszenen aus Bagan.

257 Käuzchenverkäuferin. Eulen gelten in Myanmar als glückbringende Vögel.

261 Ayeyarwaddy bei Bagan. Links der Buhpaya Stupa, der auf das 9. Jahrhundert zurückgeht und Flößern und Schiffern als Orientierungsmarke dient.

262-263 Palmsaftgewinnung.
Die bauchigen Tongefäße, die an die angeschnittenen Stiele der Palmwedel gehängt sind, damit sich darin der Palmsaft sammelt, werden täglich geleert und durch neue ersetzt.

264-265 Die Verarbeitung des Saftes geschieht durch Einkochen zu Sirup bzw. Melasse. Man formt auch Palmbonbon-Kugeln daraus.

266-268 Ochsenkarren sind noch immer das wichtigste Transportmittel auf dem Land.

269-270 Feldvorbereitung zum Reisanbau.

271-273 In weiten Teilen Myanmars sind auf dem Land Bambus und Teakholz nach wie vor die wichtigsten Baumaterialien für den Hausbau.

274 Nat-Häuschen zur Aufnahme der Opfergaben für die Schutzgeister des Hauses oder Dorfes.

275-289 Popa Berg

275, 277 Im Jahre 442 v. Chr. erschütterte ein gewaltiges Erdbeben das Gebiet des heutigen Zentralmyanmar. Ein Berg schob sich etwa 1500 Meter aus der Ebene. Vulkanasche machte seine Hänge fruchtbar, die bald in allen Farben erblühten. Daher benannte man den Berg nach dem Sanskritwort für Blume „Popa", den „Blumenberg". Bald erkannte man in ihm die Heimat der Götter. Die Menschen glaubten, in den Wäldern und Wiesen mythische Wesen zu sehen.
Der Popa gilt als urmütterlicher Berg, auf dem man Kraft und Weisheit empfängt.
König Anawratha versammelte dort sein Heer, mit dem er den Thron von Bagan errang.
Fünfzig Jahre später brachte auch Kyansittha seine Krieger dorthin und führte sie anschließend zum Sieg.
Der 70 Kilometer südöstlich von Bagan gelegene Popa Berg ist schon seit langer Zeit Zentrum der Nat-Verehrung und Ziel zahlreicher Pilger. Aus allen Teilen des Landes kommen sie, um in den Schreinen am Fuße des Berges und in den Gipfelheiligtümern die Geister zu „beschwichtigen".

276 Nat-Schrein. Mit Blumen, Früchten, Kleidungsstücken und Geld lassen sich Nats gern beschwichtigen.

278, 279 Die Siebenunddreißig Nats in einem Schrein am Fuße des Popa Berges.

280 Die Eingangspforte zum Bergaufgang flankieren zwei Elefanten.

281 Tiger am Eingang eines Natschreines. Ein von einem Tiger gefressener Händler gilt als Schutzherr der Kaufleute.

282 In der Nähe des Popa Berges kann man gelegentlich Einsiedlermönche antreffen. Charakteristisch für sie ist der hohe, oben spitz zulaufende Hut.

285 Ein überdachter Aufgang mit Tausenden von Treppenstufen führt zu den Gipfelheiligtümern.

283, 288 Die Gipfelheiligtümer stammen durchweg aus unserem Jahrhundert.

284 Nat-Schrein.

286, 287 Schreine auf dem Berggipfel. Sie verdeutlichen, wie Nat-Beschwichtigung und Buddha-Verehrung miteinander vermischt sind.

289 Votivnische eines Gipfelheiligtums.

Königliche Städte
Amarapura · Mandalay · Sagaing

290-314 Amarapura.

Mitten im Herzen Myanmars liegen, nur wenige Kilometer voneinander entfernt an einer Biegung des breit dahinströmenden Ayeyarwaddy – „Große Flüsse fließen gelassen", meint ein burmesisches Sprichwort –, die alten Königsstädte Sagaing, Ava, Amarapura und Mandalay. Hier vollzog sich Burmas Geschichte zwischen dem Fall Bagans im 14. Jahrhundert und dem Beginn der britischen Besetzung im 19. Jahrhundert.

1783 verlegte König Bodawpaya seine Residenz in das neugegründete Amarpura, das mit einer Unterbrechung von 1823 bis 1841 Hauptstadt blieb, bis es 1857 von Mandalay abgelöst wurde.

Die häufige Verlegung der Hauptstadt geschah meistens auf Anraten der Hofastrologen, um Unheil abzuwenden. So auch, als Bodawpaya 1782 nur zehn Kilometer östlich von Inwa (Ava) Amarapura, die „Unsterbliche", erbauen ließ. Im Mai 1783 mußten alle zweihunderttausend Einwohner von Inwa alles verlassen und an zugewiesenen Stellen rund um die neue Stadt ihre Häuser bauen. Nicht einmal hundert Jahre später sollte die Amarapuraner das gleiche Schicksal ereilen.

290-293 Taungthaman See bei Amarapura.

290 Südlich der alten Stadt liegt der Taungthaman See, der nach der Regenzeit allmählich austrocknet, sodaß im Uferbereich sogar Reis angebaut werden kann und Bäume inmitten des Sees wachsen, ein willkommenes, schattiges Plätzchen für die Mittagsruhe der Fischer.

291 Über den See führt die U-Bein-Brücke. Sie ist mit 1,2 Kilometern die längste Teakholzbrücke der Welt.

Ihren Namen verdankt sie dem früheren Bürgermeister von Amarapura, der sie aus den zurückgelassenen Pfählen der alten Hauptstadt Inwa gegen Ende des 18. Jahrhunderts erbauen ließ.

293, 292 Auf dem See tummeln sich Schwärme von Nutz-Enten, und Fischer werfen vom Boot ihre Netze aus.

294-301 Shinpyu Zeremonie.

294, 295 Festlich oder wie Prinzen früherer Zeit gekleidet werden die Shin Laung, die Novizenanwärter, in feierlicher Prozession zu einer Pagode und anschließend zum Kloster geleitet.

296, 297 Eltern, Verwandte und Nachbarn tragen Geschenke und Opfergaben.

298 Scheren der Haare des Anwärters durch einen älteren Mönch. Die Eltern fangen die Haare mit einem Tuch auf.

299 Nach der Bitte um Aufnahme ins Kloster und der Wiederholung der dreifachen Gelöbnisformel, die der Abt ihnen vorgesprochen hat, erhalten die Novizen die gelbe Robe.

300 Ehrerweisung der Eltern vor den Koyins oder Novizen.

301 Entgegennahme der Spenden und Geschenke beim ersten Almosen- oder Bettelgang.

302-311 Reisspende im Mahagandayon Kloster.

Erst 1950 gegründet, zählt das Mahagandayon Kloster zu den größten in Myanmar. Eine berühmte Mönchsuniversität ist ihm angegliedert. Während der buddhistischen Fastenzeit beherbergt es neben den 700 ständigen Mönchen noch etwa 500 Gastmönche.

302-306 Die Mönchsoberen nehmen von der Delegation des Dorfes, das den Reis zur Beköstigung der Mönche spendet, symbolische Gaben entgegen. Die Reisspende für das Kloster ist ehrenhaft und verdienstvoll, die Warteliste lang, und es obliegt den Spendern für die Annahme der geschenkten Gaben zu danken.

306 Ein Mönch kündet mit einem Gongschlag das Ende der Übergabezeremonie und den Beginn der Austeilung des Essens an.

307-309 In langer Reihe ziehen die Mönche an den festlich gekleideten Frauen vorbei, die ihnen die Almosenschalen mit Reis und einem Stück Kuchen als Nachtisch füllen. Den Schluß der Kolonne bilden die Koyins.

310, 311 Gemeinsames Mahl der Mönche, die nach dessen Beendigung einzeln und schweigend den Eßsaal verlassen.

313 Mönche beim Reinigen ihrer Essensschalen.

312, 314 Nagayon Pagode in Amarapura.

312 Die Pagode der (in ihrer Art einmaligen) Anlage bekrönt ein Naga, eine einem Drachen nicht unähnliche Schlange.

314 Thanakapaste schützt die Haut vor Sonnenbrand; sie ist aber auch ein kosmetisches Mittel, das die Birmaninnen äußerst wirkungsvoll einzusetzen wissen.

315-380 Mandalay.

Als König Mindon 1857 beschloß, seine bisherige Hauptstadt Amarapura zu verlassen und in das fünf Kilometer entfernte „Mandalay" zu ziehen, war dies noch ein Dorf und hieß Yadanabon. Alle Bewohner von Amarapura mußten auf Befehl des Königs unter Androhung der Todesstrafe mit ihm nach dort übersiedeln.

Ein Traum soll den König zu diesem Schritt veranlaßt haben, in dem ihm seine Hofastrologen prophezeiten, eines Tages werde der Buddhismus in einer Stadt am Fuße des Hügels von Mandalay blühen. Zwei Jahre später konnte der König dort seinen neuen Palast einweihen.

315-317 Bezirk des Königspalastes in Mandalay.

315, 316 Ein Wassergraben und Mauern umgeben den Königspalast von Mandalay. Die vier den Himmelsrichtungen entsprechenden Haupttore bekrönt ein siebenstufiger Pyatthat. Der gesamte Palastkomplex wurde während des 2. Weltkriegs ein Raub der Flammen.

317 Karaweikschiff im Wassergraben. Darin befindet sich ein Restaurant.

318-321 Mandalay Hügel.

318 An zwei riesigen Chintei-Figuren beginnt der 1729 Stufen zählende Pilgerpfad zum Mandalay Hügel.

319 Standbild des Byadeikpaya Buddha, das sich auf halber Höhe befindet. Zur Rechten des prophezeienden Buddha kniet der Mönch Ananda, den Kopf zur Stadt gewendet, auf die er hinabblickt. Buddha selbst deutet mit dem ausgestreckten rechten Arm auf Mandalay. Diese sonst unbekannte „Mudra" symbolisiert seine Prophezeiung über die Gründung der Königsstadt.

320, 321 Spiegelmosaikverzierte Hallen auf der Berghöhe.

322-330 Kuthodaw Pagode.

322 Die kleinen, weißen Pagoden der am Fuße des Mandalay Hügels liegenden Kuthodaw spiegeln sich malerisch in dem Teich neben der Anlage.

323 Eingangstor zum Pagodenbereich.

324 Mahalawka-Marazein Pagode.
In der Mitte der von König Mindon (1853-1878) errichteten und von Mauern umgebenen Anlage liegt die 30 Meter hohe, nach dem Vorbild der Shwezigon Pagode in Nyaung U (Bagan) 1857 erbaute Mahalawka-Marazein Pagode.

325, 326 Wenige Jahre später ließ der König die Mahalawka-Marazein mit über 700 kleinen, weißen Pagoden zur Aufnahme von Marmortafeln mit dem Text des Tipitaka umgeben, die dem Bauwerk einen einzigartigen Reiz verleihen. Einer altindischen Tradition folgend, hatte König Mindon 1871 die fünfte buddhistische Weltsynode nach Mandalay einberufen. In deren Verlauf einigten sich die 2400 teilnehmenden Mönche auf eine einheitliche buddhistische Lehre, deren Fassung auf 729 Marmortafeln festgehalten ist.
Vier Mönche und an die 5000 Helfer schrieben zunächst den Kanon auf Palmblätter, um ihn dann in die Vorder- und Rückseite der Marmortafeln einzumeißeln. Diese stehen in den offenen, weißen Pagoden, die in drei Reihen um den zentralen Stupa angeordnet sind. Man bezeichnet die Kuthodaw deshalb auch als „Das größte Buch der Welt":
„Das heilige Buch mag nun verbrennen, verloren gehen; man wird den Wortlaut immer kennen./ Dies Buch bleibt unzerstörbar für alle Zeiten, jetzt zu sehen mit den Seiten aus weißem Stein./ Wie Liebesworte, die den Stürmen widerstehen und graben sich im Regen tiefer ein/ Und leben stark, – unendlich und erhaben lebt hier ein Buch in hundertfachen Türmen." (Max Dauthendey, Die geflügelte Erde, 1910.)

327-329 Tipitaka-Pagoden.

330 Pavillon der Kuthodaw Pagode.

331-334 Sandamuni Pagode.

331, 332 Horoskopverkäuferinnen vor der Sandamuni Pagode.

333, 334 Sandamuni Pagode in Mandalay.
Zum Gedenken an seinen, bei einer Palastrevolution 1866 ums Leben gekommenen jüngeren Bruder wurde sie von König Mindon gestiftet.

335-344 Shwenandaw Kyaung.

335, 336 Das berühmte Teakholz-Kloster Shwenandaw Kyaung war einst Teil des königlichen Palastes und ist das einzige noch erhaltene Gebäude der Goldenen Stadt. Nach dem Tod König Mindons, der darin gestorben ist, ließ sein Sohn und Thronerbe Thibaw den Gebäudekomplex 1880 abbauen und an anderer Stelle, nahe dem Osttor, wieder errichten. Vorübergehend nutzte er ihn selbst zur Meditation, übergab ihn jedoch dann den Mönchen als Kloster.
So entging der Shwenandaw Kyaung dem verheerenden Feuer, das während des 2. Weltkrieges den gesamten Palastkomplex in Schutt und Asche legte.
Über Treppen erreicht man die schmale, rund um das Kloster laufende Veranda. Die Wände und die Schiffskielen gleich nach oben ragenden Spitzen der geschwungenen Dächer sind kunstvoll mit geschnitzten Figuren von Nats und Ogres verziert.

Max Dauthendey erinnerte das „Geirr von Holzbauten" bei seinem Besuch zu Beginn unseres Jahrhunderts an „große Wracke von Wikingerschiffen (die) vom Himmel am Boden landen... Nur über die wuchtigen Dächer spielten wie Flammen Holzschnitzereien."

337-341 Tür und Wandflächen des Shwenandaw Kyaung.

343, 344 Man findet kaum eine Stelle, die nicht mit Nat-Figuren oder Blumenornamenten verziert ist. Hier kann man sich eine Vorstellung davon machen, wie die Goldene Palaststadt einst ausgesehen haben muß.

342 Riesige Teakholzstämme bilden die Säulen des Hauptraumes. Auf rotem Grund sind sie zum Teil vergoldet.
Vor einer Nachbildung des Thrones von Thibaw steht eine Buddhafigur.

345-351 Handwerker in Mandalay.
Mandalay ist ein Zentrum des myanmarischen Kunsthandwerks.

345 Holzschnitzerwerkstatt.

346, 347 Im Viertel der Bildhauer werden besonders große Skulpturen im Freien gearbeitet. Die Chintei-Löwen sind Überreste eines Klosterkomplexes.

348 Bemalen von Buddhaskulpturen.

350 Schirmmacherin.

349 Blattgoldklopfer bei der Arbeit.
Kleine Goldkügelchen werden zwischen Lederstücke gelegt und so lange mit Hämmern geschlagen, bis daraus hauchdünne Blättchen geworden sind, wie sie in Myanmar reichlich zum Vergolden gebraucht werden.

351 Frauen legen die Goldblättchen sorgfältig zwischen Seidenpapier und bündeln sie anschließend zu kleinen, verkaufsfertigen Päckchen, die man bei jeder Pagode in Myanmar erwerben kann.

352-357 Marionettentheater und Tanz.
Die Kunst des Tanzes und des Marionettentheaters ist in Myanmar hochentwickelt und kann auf eine sehr lange Tradition zurückblicken.

352-354 Das myanmarische Marionettentheater dient nicht nur der Unterhaltung, sondern ist auch ein Medium zur Vermittlung buddhistischer Ethik. Eine traditionelle Aufführung dauert meist eine ganze Nacht und wird von Zimbeln, Gongs und einer großen Trommel musikalisch begleitet.

355-357 Die Ausdruckskraft myanmarischer Tanzkunst schildert George Orwell in „Burmese Days" (1935): „Sehen Sie nur die Bewegungen des Mädchens, vorgebeugte Pose wie eine Marionette, und wie sie ihre Arme vom Ellbogen aus verdreht, wie eine Kobra, die sich zum Zuschlagen aufrichtet...
Und doch, wenn Sie aufmerksam hinsehen, welche Kunst, welche jahrhundertalte Kultur kann man dahinter sehen. Jede Bewegung, die dieses Mädchen macht, ist einstudiert und durch unzählige Generationen weitergegeben worden. Immer, wenn man die Kunst dieser östlichen Völker genau betrachtet, kann man das sehen – eine Zivilisation, die weit, weit zurückreicht, praktisch immer dieselbe, bis in Zeiten, als wir noch uns noch in Färberwaid kleideten.
In einer gewissen Weise, die ich Ihnen nicht erklären kann, ist das ganze Leben und der Geist von Burma in den Bewegungen zusammengefaßt, mit denen das Mädchen die Arme verdreht. Wenn man sie so sieht, kann man die Reisfelder sehen, die Dörfer unter den Teakholzbäumen, die Pagoden, die Priester in ihren gelben Gewändern, die Büffel, die am frühen Morgen durch die Flüsse schwimmen, den Palast des Thibaw..."

358, 359 Mit Schärpen geschmückte Buddhastatuen in Mandalay.

360-367 Mahamuni Pagode.

Die Mahamuni oder Arakan Pagode wurde 1784 von König Bodawpaya zur Aufbewahrung der Mahamunistatue aus Rakhine errichtet. Sie steht im Süden Mandalays, unweit von Amarapura, auf den Ruinen des alten Königspalastes und ist das bedeutendste Heiligtum der Stadt. 1884 durch ein Feuer zerstört, wurde sie nach alten Plänen wieder aufgebaut.

360-363 Um den mit einem siebenstöckigen, vergoldeten Pyatthat bekrönten Tempel, in dem sich der Mahamuni-Buddha befindet, läuft eine offene Säulenhalle, die in eine umgrenzte Hof- und Gartenanlage führt und Platz zur Aufnahme der zahlreichen Pilger bietet, die dieses Heiligtum, besonders an Festtagen, besuchen.

365-367 Dichtgedrängt hocken die Pilger, Männer und Frauen getrennt, vor dem Heiligtum, in andächtige Verehrung des Buddhabildnisses versunken. Der Platz unmittelbar davor ist den Männern vorbehalten, die in kaum unterbrochener Prozession Goldblättchen darauf heften und dabei nur das Gesicht aussparen.

364 Der Mahamuni gilt als ältestes und größtes bronzenes Buddhastandbild Myanmars. Die Legende berichtet über seine Entstehung, daß einst Buddha den König von Rakhine besuchte und belehrte. Dieser bat ihn, ein Abbild seiner selbst zurückzulassen. Buddha willigte ein, und der Götterkönig Sakka schuf das Bildnis in einer Woche.

Schon die Herrscher Bagans versuchten, den Mahamuni als Kriegsbeute aus Rakhine zu entführen, jedoch erst dem Konbaung-Herrscher Bodawpaya gelang dies nach dem siegreichen Feldzug gegen die Arakanesen, und seither thront der Mahamuni im Heiligtum der Arakan Pagode.

„Ein riesig goldenes Buddhabild sich dir enthüllt, das eine große goldene Kammer/ Wie eine unbegrenzte Lust und wie ein Feuerbau anfüllt./ Du schaust und du versinkst, gleichwie ein Tropfen auf dem heißen Stein ins atemlose Glänzen,/ Wie in ein goldenes Dasein ohne Grenzen./ Und wenn du dann erwacht vom großen Gold, das dich belacht,/ Erkennst du, auf der Erde wie Knäuel hingerollt, birmanische Beter, Männer, Frauen,/ Die halten Blumen hin in vorgestreckten Händen mit betender Gebärde." Soweit Max Dauthendey.

368-371 Bronzene Khmerfiguren des 12. Jahrhunderts. Ursprünglich standen sie im kambodschanischen Angkor Wat. Über Ayuthia in Thailand, Bago, Mrauk U (Rakhine) kamen sie als Kriegsbeute schließlich nach Mandalay in die Mahamuni Pagode. Ursprünglich waren es dreißig Bronzen. Heute sind es nur noch sechs, die übrigen sind verloren gegangen oder bei dem Feuer 1884 so sehr beschädigt worden, daß Thibaw aus den Resten eine Kanone gießen ließ.

Die beiden Tempelwächterfiguren sollen jede Krankheit heilen, wenn man nur den entsprechenden Körperteil berührt. Als am besten erhalten gilt die Figur des dreiköpfigen Elefanten Arivata, der das Reittier des Götterkönigs Indra ist. Die Köpfe der drei Löwenfiguren sind von einheimischen Gießern durch Chintei-Köpfe ersetzt worden.

372-380 Teakholzhafen.

372-374 Elefanten bei der Arbeit mit Teakholzstämmen am Ufer des Ayeyarwaddy in der Nähe von Toungoo.

Mit etwa 6000 weist Myanmar den größten Bestand an Arbeitselefanten auf. Es gilt als wichtigster Exporteur von Teak- und tropischen Harthölzern. Man nimmt an, daß es über drei Viertel der Weltreserven an Teakholz verfügt.

375 Junge birmanische Lastträgerin im Hafen von Mandalay.

376-379 Wasserbüffel, speziell für diese harte Arbeit gezüchtet, ziehen schwere Teakholzstämme, die der Ayeyrwaddy nach hier transportiert hat, an Land. Der Teakholzhafen von Mandalay heißt deshalb auch Kywezun, „Ufer der Wasserbüffel".

380 Spielende Kinder im Hafengelände.

381-384 Mingun.

Etwas zehn Kilometer flußaufwärts von Mandalay liegt Mingun. Obgleich es niemals Königsstadt war, hat ihm der Konbaung-Herrscher Bodawpaya in seiner ungezügelten Rekordsucht mit einer Glocke und einer unvollendeten Pagode, für die die Glocke bestimmt war, zu Ruhm verholfen.

381 Mingun Glocke.

Zwischen 1790 und 1808 gegossen. Mit einem Gewicht von annähernd 100 Tonnen gilt sie als die schwerste intakte Glocke der Welt. Nach dem gelungenen Guß ließ Bodawpaya den Schöpfer dieses Meisterwerkes hinrichten, damit er nicht noch eine so mächtige Glocke schaffen könne. Beim Erdbeben von 1838 stürzte die Glocke mit dem Tazaung zu Boden, erlitt aber keinen Schaden. Heute hängt sie an schweren Eisenträgern unter einer neuen Überdachung.

Scott O'Connor schwärmt von der Mingun Glocke: „Ein tiefes, melodiöses, anhaltendes Vibrieren geht von ihr aus, wenn man sie mit einem leichten Holzpfahl anschlägt. Wenn jemand zum ersten Mal diesen Ton hört, der zwischen den Ästen der Bäume hervortritt, hält er voller Verwunderung inne, denn es ist kein einzelner Ton, den er vernimmt, sondern ein dunkles Grollen, das die Luft erfüllt, und man kann den Kontakt mit den Wellen spüren, die unsichtbar vorüberfließen. Es ist eine große, majestätische Stimme, die in diesem schwachen Flüstern sogar zu hören ist. Der Balken, mit dem man sie anschlägt, sollte eigentlich so beschaffen sein, daß er imstande ist, das volle Volumen ihrer Musik hervorzubringen."

382, 385 Mingun oder Mantaragyi Pagode.

Für einen Zahn Buddhas, den er 1790 von dem chinesischen König erhalten hatte, wollte Bodawpaya die mit 152 Metern größte Pagode der Welt errichten, ein Vorhaben, das das Land in den Ruin geführt hätte, wenn der Bau vollendet worden wäre. Nur die Terrassen und das erste Stockwerk kamen jedoch zur Ausführung. Auch hierfür wurden mehr als hundert Millionen große Ziegelsteine gebraucht.

Die Rumpfpagode, eine Masse von mehr als 50 Metern Höhe, wurde von dem Erdbeben im Jahre 1838 in Mitleidenschaft gezogen. Aber auch als Ruine ist „der größte Ziegelberg der Welt" ein imponierender Anblick und gibt Zeugnis von einem wahnwitzigen Traum.

Bodawpaya starb 1819, nachdem er fast vier Jahrzehnte geherrscht hatte, im Alter von 75 Jahren. Er hinterließ 122 Kinder. Keines davon setzte den Bau fort.

383 Pondawpaya Pagode.

Ein kleines, nur gut fünf Meter hohes Modell der riesigen Mingun Pagode erhebt sich, Ironie des Schicksals, am Ufer des Flusses und vermittelt eine Vorstellung davon, wie die gigan-

tische Pagode Bodawpays ausgesehen hätte, wäre sie vollendet worden.
Fachleute glauben allerdings, ein so mächtiger Ziegelberg von über hundert Metern wäre unter der Last seines eigenen Gewichtes zusammengebrochen.

385-399 Sagaing.
Für eine kurze Zeit, als die Shan in Ober-Myanmar herrschten, war Sagaing von 1315 bis 1364 die Hauptstadt des Landes. Naundawgyi, der Nachfolger Alaungpayas, machte es vierhundert Jahre später wieder vorübergehend zur Königsstadt. Heute kann Sagaing angesichts seiner zahllosen Pagoden und Klöster als ein Symbol für die Kraft des Dhamma, der Lehre Buddhas, stehen.

385-389 Umin Thonze Pagode.
1643 von einem Abt erbaut; wird auch „Pagode der dreißig Höhlen" genannt.

385, 386 Eingang und Aufgang zu dem auf halber Höhe des Sagaing Hügels errichteten Umin Thonze Heiligtums.

387 In dem halbkreisförmigen Tempel trifft man auf 45 Buddhas. Sie sitzen in langer Reihe an der geschwungenen Rückwand und an den beiden Schmalseiten des Raumes, flankiert jeweils von einem in stehender Haltung.
Ursprünglich schwarz gewandet, haben die meisten im Laufe der letzten Jahrzehnte schon ihre Vergoldung erhalten, nur einige warten noch auf Gläubige, die die Gelegenheit nutzen, sich Verdienste zu erwerben.

388, 389 Kolonnade der „Pagode der dreißig Höhlen".

390-394 Sun U Ponya Shin Pagode.

390 Blick von der Terrasse der Sun U Ponya Shin Pagode auf eines der zahlreichen Klöster Sagaings. Im Hintergrund der Ayeyarwaddy.

391 Umgang der Sun U Ponya Shin Pagode.

392 Die Sun U Ponya Shin Pagode wurde 1312 von U Ponya, einem Minister von Athin Khaja, dem Gründer Sagaings, gebaut und ist 30 Meter hoch.

393, 394 Haupttempel und Andachtsschrein.

395-399 Klosterleben.

395 Gebäude eines Nonnenklosters in Sagaing.
In den Hügeln um die Stadt leben in über 700 Klöstern 8000 Mönche, Novizen und Nonnen.

396 Junge Novizinnen mit ihrer Lehrerin.

397 Äbtissin des Klosters.

398 Nonne beim Almosengang.
Zum Schutz gegen die Sonne hat sie ihren kahlgeschorenen Kopf mit einem zusammengelegten Umhängetuch geschützt. Nonnen spendet man ungekochte Nahrungsmittel oder Geld. Ihr Almosengang findet in der Regel nur freitags statt, nicht wie bei den Mönchen täglich.

399 Mönch beim Almosengang.
Mönche bekommen, anders als Nonnen, zubereitete Speisen überreicht.

Inle See und Pindaya

400-407 Markt in Taunggyi.
Taunggyi, auf dem bergigen Shan-Plateau im Osten Myanmars gelegen, wurde 1890 von den englischen Kolonialherren als Verwaltungszentrum dieser Region gegründet.
Für sie zählte es zu „Outer Burma", weil es außerhalb des burmesischen Kernlandes liegt und von Bergvölkern bewohnt wird, Shan, Pa-O, Kalaw u.a., die sich deutlich von den eigentlichen Burmesen oder Birmanen nicht nur im Aussehen und der Kleidung unterschei-

den. Bei einem Besuch des farbenprächtigen Marktes von Taunggyi wird man dies schnell entdecken.

408-434 Inle See.
Der Inle See, der größte See Ober-Myanmars, 22 Kilometer lang, 10 Kilometer breit, liegt im Shan-Plateau auf einer Höhe von etwa 900 Metern. Eingeschlossen wird er von 1500 Meter hohen Bergen. Seine Tiefe schwankt zwischen zwei Metern in der Trockenzeit und sechs Metern zur Zeit der Monsunregen.
Der langgezogene See ist die Heimat der Inthas, der „Söhne des Sees", eines einstmals im Süden des Landes lebenden, zur burmesischen Volksgruppe gehörenden Stammes, den es wegen ständiger Konflikte mit Thailand von der Andaman See vor 200 Jahren nach hier verschlagen hat. Sie gründeten zunächst vier Siedlungen, die den See zum „Inle" werden ließen, dem „See der Vier". Heute leben die Inthas in fast vierzig Dörfern am See.

408, 409 Schwimmender Markt auf dem Inle See bei Ywama.

410,411 Wasserbüffel im Inle See.

412, 413 Bei Namphu und Ywama.
Kanäle durchziehen die Siedlungen. Die Holzhäuser sind auf Stelzen gebaut. Man erreicht sie vom Boot aus über eine Treppe, die zur Terrasse führt.

414 Pagodenidylle am See.

415 Phaung Daw U Pagode bei Namphu.
Die „Pagode der königlichen Barke" wurde in den 60er Jahren errichtet und ist die bedeutendste am See. Einmal im Jahr findet hier das Phaung Daw U Pagodenfest mit einer mehrere Tage dauernden Karaweischiff-Prozession statt.

416 Altarhalle der Phaung Daw U Pagode. Im Zentrum stehen fünf Buddhastatuen, die während der Prozession auf dem Karaweikschiff mitgeführt werden, das jeden der Orte des Sees anfährt.

417 Nur Männern ist es erlaubt, bis an die Buddhabildnisse heranzutreten und als Zeichen der Verehrung Blattgoldblättchen aufzulegen.

418 Dies geschieht in solchem Ausmaß, daß die Figuren mittlerweile zu unscheinbaren, klobigen Goldklumpen deformiert worden sind.
Der Legende zufolge hat König Alaungsithu die fünf Buddhas im 12. Jahrhundert aus dem Mon-Land nach hier gebracht, wo sie Jahrhunderte später in einer Höhle am See wiederentdeckt worden sein sollen.

419, 422 „Schwimmende Gärten" dienen den Inthas dazu, den See nicht nur zum Fischfang, sondern auch „landwirtschaftlich" zu nutzen.
An den Wurzeln wilder Wasserhyazinthen, die im Laufe der Zeit zu einem Teppich verwachsen, sammelt sich der von den Flüssen und Bächen angeschwemmte Schlamm und verdichtet sich zu einer Humusschicht von etwa einem Meter. Man füllt Algen und Schlamm als Dünger darauf und schneidet das „schwimmende Erdreich" in längliche Streifen auf eine Breite von zwei Metern, damit man die „Beete" vom Boot aus bewirtschaften kann.
Angepflanzt werden auf den mit Stangen im Seeboden verankerten Gartensegmenten neben Blumen hauptsächlich Gurken, Tomaten, Auberginen, Blumenkohl und Bohnen.

420 Kloster am See. Etwa hundert Klöster soll es am und im Inle See geben.

421 Altarraum des Nga Phe Chaung Klosters.
Es liegt mitten im See und ist auf Pfählen errichtet.

423-429 Aus dem 18. Jahrhundert stammend, besitzt das Nga Phe Chaung Kloster eine große Zahl wunderschön gearbeiteter Buddhafiguren, die

in dem von Holzsäulen umgebenen Geviert des Klosteraltars stehen.
Bekannt geworden ist es allerdings hauptsächlich wegen seiner „springenden Katzen".

430-434 Fischerboote auf dem Inle See.
Mit einem konisch geflochtenen Bambuskorb gehen die Inthas auf Fischfang, wobei sie das Ruder mit einem Bein einklemmen, um eine Hand frei zu haben.
Diese Methode hat sie als Einbein-Ruderer berühmt gemacht.

435, 436 Tänzer der Shan in Pindaya.
Die Tänze der Shan unterscheiden sich deutlich von denen der Burmesen.

437-439 Dorf der Pa-O.
Das Bergvolk der Pa-O gehört zur Gruppe der Karen. Meist tragen sie dunkelgefärbte Kleider und einen (oft aus einem Frotteetuch geschlungenen) Turban.

440-442 Shweyanpai Kloster.
Das Shweyanpai, zwischen dem Inle See und Pindaya gelegen, ist ein über hundert Jahre altes Holzkloster mit besonders schönen ovalen Fenstern.

443-464 Pindaya und die Shwe Umin Grotte.

443, 444 Bottaloatkan oder Natamiekan See.
Die Häuser des Ortes, der hauptsächlich von Pa-O und Danu bewohnt wird, gruppieren sich um den in der Mitte gelegenen kleinen See, der das Wasserreservoir von Pindaya ist. Mit Ochsenkarren wird das Wasser frühmorgens in die Stadt gebracht.

445, 446 Straßenszenen in Pindaya.

447-451 Markt in Pindaya.

452 Pagoden im Aufgangsbereich der Shwe Umin Höhle.

453 Hölzerner, mit Schnitzwerk verzierter Vorbau des Eingangs.

454, 455 Shwe Umin Höhle oder „Grotte der achttausend Buddhas".
In der am Berghang über dem See in 1400 Metern Höhe gelegenen Tropfsteinhöhle sind Tausende von Buddhafiguren unterschiedlicher Größe aus Holz, Marmor, Bronze oder Gips versammelt.
Nicht weit vom Eingang der Grotte steht der Goldene Shwe Umin Stupa. Einer Legende zufolge soll ihn bereits Alaungsithu (1211-1269) restauriert haben. (Die opfernde Frau am Sockel des Stupas mag zum Größenvergleich dienen.)

456-464 Von der ersten „Halle", in der ein überlebensgroßes, vergoldetes Sitzstandbild Buddhas von vielen kleineren Statuen umringt ist, gelangt man durch schmale Gänge in weitere, ineinandergehende Räume. Angefüllt sind sie mit ungezählten großen und kleinen, alten und neuen Buddhafiguren.
Ihre Zahl nimmt ab, je weiter man eindringt in dieses Reich der Stalaktiten und Stalakmiten, zwischen denen sich hier und da ein von Menschenhand errichteter Stupa erhebt.

1-5 Vorspann.

1 Buddhafigur der Kyaipun Pagode.

2 Shwemawdaw Pagode in Bago.

3 Umin Thonze Pagode in Sagaing.

4 Dhammayangyi Tempel in Bagan.

5 Buddhas in der Shwe Umin Höhle.

Fotos des Texteils

Alle Fotos dieses Bandes sind von den Autoren im Jahre 1997 aufgenommen worden, mit Ausnahme der nachfolgenden, die Lay Maung M. A. (Yangon) und Prof. Franz Zeithammer (Völklingen) freundlicherweise zur Verfügung gestellt haben:

Franz Zeithammer: 185, 192, 193, 222, 223, 248, 249, 257, 258, 358, 359, 364, 368-371, 375, 376, 406, 407.

Lay Maung: 36, 37, 77, 194-196, 294-301, 372-374 sowie Seite 32 und 41.

Lay Maung, der Verfasser des Beitrags „Myanmar-Goldenes Land", lebt in Yangon, wo ihn die Autoren kennengelernt haben. 1965 ist er dort als ältester Sohn der Familie geboren. An der Rangoon University erwarb er den Grad eines Magister artium (M. A.) der Englischen Sprache. Nach Abschluß des Studiums arbeite er sieben Jahre als Privatlehrer und trug so zum Unterhalt seiner Familie bei. Seither ist er offizieller Fremdenführer.
1996 engagierte ihn Prof. Franz Zeithammer, damals Präsident der Hamburger Messe- und Kongreß GmbH (derzeit Direktor des Kongreßzentrums Saar und des Weltkulturerbes Völklinger Hütte) als Repräsentanten für Myanmar. Im Mai 1996 organisierte er in Zusammenarbeit mit der HMC eine Ausstellung über die Lackwarenproduktion in Bagan. Er schreibt in englischer und myanmarischer Sprache über sein Land.

Dank gebührt Frau Stephanie Gryziecki für Anregungen bei der Bildauswahl sowie Hinweise zu den Texten und deren kritische Durchsicht.

Inhaltsverzeichnis

Die Deutsche Bibliothek – CIP Einheitsaufnahme
Myanmar : Land der goldenen Pagoden / Alfred Diwersy, Aniela Kuenne. Mit einem Beitr. von Lay Maung. – Blieskastel : Gollenstein, 1997
ISBN 3-930008-75-0

Satz Alexander Detambel und Karin Luck
Schrift Daily News BQ und Bauhaus BQ
Papier Scheufelen BVS matt, weiß, chlorfrei, 150 g
Lithos und Druck Bliesdruckerei P. Jung GmbH
Bindung Buchbinderei Schwind, Trier

Printed in Germany
ISBN 3-930008-75-0